Afinal, o que os bebês fazem no berçário?

Paulo Fochi é pedagogo, Especialista em Educação Infantil pela Universidade do Vale do Rio dos Sinos (Unisinos), Mestre em Educação na linha Estudos sobre Infância pela Universidade Federal do Rio Grande do Sul (UFRGS) e doutorando em Educação na linha de Didática e Formação de professores pela Universidade de São Paulo (USP).

Foi professor de crianças pequenas por mais de uma década e atualmente é professor do curso de pedagogia e coordenador da especialização em Educação Infantil da Unisinos. Atua como assessor de redes municipais de ensino e de escolas infantis, em projetos especiais e no desenvolvimento de produtos e conteúdos para crianças. Trabalhou em projeto de assessoramento técnico-pedagógico do MEC/UFRGS aos municípios do Rio Grande do Sul que aderiram ao programa Proinfância. Coordena o Observatório da Cultura Infantil (OBECI) e é autor do blog Catadores da Cultura Infantil.

F652a   Fochi, Paulo.
          Afinal, o que os bebês fazem no berçário? : comunicação, autonomia e saber-fazer de bebês em um contexto de vida coletiva / Paulo Fochi. – Porto Alegre : Penso, 2015.
          159 p. : il. ; 25 cm.

          ISBN 978-85-8429-038-3

          1. Educação infantil - Berçário. I. Título.

CDU 373.23

Catalogação na publicação: Poliana Sanchez de Araujo – CRB 10/2094

Paulo Fochi

Afinal, o que os bebês fazem no berçário?

COMUNICAÇÃO, AUTONOMIA E SABER-FAZER
DE BEBÊS EM UM CONTEXTO DE VIDA COLETIVA

2015

© Penso Editora Ltda., 2015

Gerente editorial: *Letícia Bispo de Lima*

Colaboraram nesta edição

Editora: *Priscila Zigunovas*

Assistente editorial: *Paola Araújo de Oliveira*

Capa: *Márcio Monticelli*

Imagem da capa: *Lucas Vicente Bissani, foto de Paulo Fochi*

Tradução do prefácio: *Juliana dos Santos Padilha*

Preparação de original: *Luiza Drissen Signorelli Germano*

Leitura final: *Grasielly Hanke Angeli*

Editoração eletrônica: *Formato Artes Gráficas*

Reservados todos os direitos de publicação à
PENSO EDITORA LTDA., uma empresa do GRUPO A EDUCAÇÃO S.A.
Av. Jerônimo de Ornelas, 670 – Santana
90040-340 – Porto Alegre – RS
Fone: (51) 3027-7000 Fax: (51) 3027-7070

É proibida a duplicação ou reprodução deste volume, no todo ou em parte, sob quaisquer formas ou por quaisquer meios (eletrônico, mecânico, gravação, fotocópia, distribuição na Web e outros), sem permissão expressa da Editora.

Unidade São Paulo
Av. Embaixador Macedo Soares, 10.735 – Pavilhão 5 – Cond. Espace Center
Vila Anastácio – 05095-035 – São Paulo – SP
Fone: (11) 3665-1100 Fax: (11) 3667-1333

SAC 0800 703-3444 – www.grupoa.com.br

IMPRESSO NO BRASIL
PRINTED IN BRAZIL

*A minha mãe, Jurema, que partiu muito cedo
deixando uma saudade enorme. Meu amor eterno a ti!
E a minha sobrinha Maria Anita, que acaba
de chegar para inaugurar vida nova.*

Agradecimentos

A construção deste estudo foi paradoxalmente solitária e coletiva. Todos os momentos em que as palavras faltavam, o cansaço ficava maior do que a vontade de ir adiante e o medo me ocupava, buscava em minhas lembranças a imagem de um bebê desta pesquisa que, ao subir os degraus de uma escada, provavelmente, pela primeira vez, me olhava como quem pergunta se é possível seguir em frente naquele desafio, e o fato de ter alguém ao seu lado, retribuindo o olhar, parecia tornar aquilo, senão possível, o mais próximo do possível. Esse bebê, mesmo que ficasse parado no mesmo degrau em que estava, voltava a me olhar com ar de generosidade e ternura, parecendo agradecer a minha presença.

Foi o que fiz sempre que parei em algum degrau. Busquei olhares, liguei, pedi colo, mandei *e-mail*. E me sinto feliz por encontrar pessoas especiais que ajudaram a tornar senão possível, o mais próximo do possível a escrita deste livro.

Inspirado e sensibilizado pelo olhar de generosidade que esse bebê me ensinou, deixo aqui meus sinceros agradecimentos:

A Maria Carmen Silveira Barbosa, a Lica, pela sua presença e amorosidade na construção deste estudo e por escrever a apresentação deste livro. Pela generosidade em compartilhar aprendizagens e pela forma carinhosa como conduziu as orientações deste trabalho.

A Maria da Graça Souza Horn, pela amizade sincera e presente, pela atenção e cuidado que tem comigo e pela possibilidade de participar da apresentação deste livro.

A Alfredo Hoyuelos, amigo e mestre que tenho o prazer de ter na minha vida, pelo carinho e atenção com que me recebeu em Pamplona, pela sua participação em minha banca de defesa do estudo que deu origem a esta obra e por escrever o prefácio deste livro.

A Carmem Craidy e a Luciana Ostetto por terem participado da banca de defesa e, por isso, contribuído significativamente na elaboração deste trabalho.

A Marita Redin, amiga e colega de percurso, por sua participação em minha defesa e, especialmente, pela amizade que construímos.

Às amigas que guardo com carinho em meu peito: Cinthia, Queila, Simone, Marta e Susana, por terem me acolhido e contribuído tanto.

À Escola Evolução, em especial a Fabiana, Neide, Cristine e Ivete por acolherem meus sonhos e desejos de fazer educação.

Ao Mario, pelo carinho, pelo silêncio, pelo amor, pelo entusiasmo, pelo alento e por sempre acreditar que seria possível. A vida é sempre melhor quando temos com quem dividir.

À minhas irmãs, Daniela e Fernanda, ao meu pai, Sergio, e à minha madrinha, Olga, que compreendem minha ausência e vibram pelas minhas conquistas.

E especialmente ao Caio, ao Carlos, ao João Gabriel, ao João Pedro, à Lara, à Lara Cristina, ao Lucas e ao Miguel e aos seus familiares, por aceitarem fazer parte desta jornada.

Sumário

Apresentação 11
    Maria da Graça Souza Horn
    Maria Carmen Silveira Barbosa

Prefácio – Tempo de silêncio 15
    Alfredo Hoyuelos

De conversas faladas para conversas escritas 23
    Lembrar 24
    Escrever 25
    Esquecer 27

1 Pesquisar a experiência educativa 29
    Alguns traços da educação infantil para desenhar
    contextos de vida coletiva 31
    A pedagogia como campo de conhecimento 35
    Três autores para compor a interlocução teórica 44
    Perguntas-guias para o estudo 54

2 Caminhos metodológicos 60
    Observar o campo para estranhar o familiar 65
    Registrar no campo para criar cultura pedagógica 73
    Contrastar os dados do campo: a *progettazione* 82
    Tornar visíveis as imagens de criança, de professor e de pedagogia:
    a função da abordagem pedagógica e metodológica 89

3 Histórias narradas 95
    Ação de comunicar: conversas entre Caio e Lara 97
    Ação autônoma: os primeiros passos de Miguel 108
    Ação de saber-fazer: *eureka*! Descobertas de Carlos 130

Depois das conversas escritas, propondo novas conversas 148

Referências 154

Apresentação

As pesquisas e a discussão acerca das inúmeras capacidades dos bebês realizadas nos últimos anos apontam para a certeza de que as crianças ainda muito pequenas não podem ser vistas apenas como seres frágeis, incapazes ou imaturos. A complexidade de sua genética, sua capacidade neuronal e suas competências sensoriais e sociais nos levam a acreditar que são indivíduos com múltiplas condições de interagir e de aprender desde o nascimento, contanto que estejam rodeados por pessoas que os acolham e os sustentem emocionalmente. Os afetos, a corporeidade e a cognição dos bebês estão profundamente conectados, e os modos de articulação entre estas instâncias, definidas nas relações estabelecidas no percurso de cada história de vida, possibilitam a emergência das singularidades de cada ser humano.

Durante muitos anos coube às famílias o acolhimento, o cuidado e a responsabilidade pelo desenvolvimento dos bebês. O trajeto percorrido por eles do nascimento até a aquisição de uma relativa autonomia era incumbência desse círculo familiar. Hoje, frente às inúmeras e complexas transformações da sociedade, essa tarefa passou a ser compartilhada com outras agências educativas, distintas da família, lugares onde os bebês vivem experiências diversas das de casa, espaço onde a vida social se complexifica.

Cada vez mais, em nosso país, a complexidade da vida moderna impede as famílias de atender às demandas da educação das crianças pequenas, seja pela necessidade dos adultos de manter a renda familiar e o sustento dos filhos, seja pelo desejo de realização profissional e independência econômica dos responsáveis. Diante dessa realidade, as famílias necessitam de outros espaços educacionais. As novas diretrizes curriculares para a educação infantil vêm ao encontro dessa necessidade, assegurando que todas as famílias brasileiras tenham o direito de solicitar vagas próximas às suas residências, sem requisito de seleção em creches e pré-escolas públicas.

É importante considerar que educar é possibilitar às crianças situações de aprendizagem e de socialização, isto é, de desenvolvimento de suas potencialidades e não de adestramento em comportamentos e conhecimentos. Quando a criança começa a frequentar a creche, ela deve ter a oportunidade de conviver com um grupo de crianças para brincar, interagir e conversar em um ambiente social de aceitação e de confiança, ou seja, um espaço social criado especialmente para acolhê-la.

A enorme contribuição que Paulo Fochi nos apresenta neste livro é justamente a tradução de uma vivência prática, explicitada em um texto repleto de encantamentos, observações e constatações acerca da capacidade e do protagonismo dos bebês, advinda de sua experiência como professor, coordenador pedagógico e pesquisador.

As suas diferentes experiências com as linguagens artísticas, como a dança e o teatro, impregnam de sensibilidade o trajeto feito pelas palavras faladas até as palavras escritas, permitindo ao leitor distinguir os aportes teóricos na perspectiva pedagógica de Loris Malaguzzi, na perspectiva pediátrica de Emmi Pikler e na perspectiva psicológica de Jerome Bruner. Uma complexa trama teórica é apresentada, envolvendo essas abordagens de forma conjunta. Segundo o autor, a educação de crianças pequenas foi muito discutida pelas áreas da saúde, da puericultura e da psicologia ao longo da história. Consequentemente, as perguntas decorrentes dessas áreas estavam situadas em aspectos distintos daqueles pelos quais a pedagogia se interessa. Por isso, Fochi buscou nas pedagogias da infância o campo de conhecimento para seu estudo, realizando uma abordagem de pesquisa fundamentada em uma experiência educativa privilegiada. Usando essas pedagogias como campo de conhecimento, buscou na abordagem da documentação pedagógica o mote metodológico de seu estudo, baseado na experiência pedagógica italiana, que tem como eixos articuladores a observação, a reflexão e o registro.

A partir desse modo de ver e de entender o que os bebês fazem na creche, Fochi nos aponta caminhos metodológicos – para a pesquisa, para a ação pedagógica e para a formação docente – e novas formas de entender e de fazer uma prática pedagógica de qualidade nos berçários. Não se trata da elaboração de um manual, mas sim, segundo suas palavras, de uma pesquisa que visou contribuir com essa experiência no sentido de instigar a reflexão e a reformulação de conceitos em outras experiências educativas. O autor ressalta de forma contundente que os bebês são capazes de aprender a partir de si mesmos, sem a intervenção direta dos adultos, principalmente quando são atraídos a realizar ações por meio de seus interesses, prevalecendo sua intencionalidade.

Neste livro são apresentadas as diferentes formas de aprender das crianças baseadas em suas decisões e iniciativas. As histórias apresentadas ao longo do texto explicitam que, em vez de planejarmos atividades a serem "aplicadas" com os bebês, devemos considerar outros elementos, como o tempo, o espaço, os materiais, a organização do grupo e o tipo de intervenção a ser realizada pelo adulto.

Portanto, ao ler este livro, o leitor poderá compreender, *afinal, o que os bebês fazem no berçário*, sem ter, porém, a "receita do bolo"! A obra convida a refletir, a documentar e a registrar, garantindo a singularidade de cada realidade educativa e, especialmente, o desejo de que cada professor possa constituir seu modo de ser docente. Parabéns a Paulo Fochi pelo belo livro e parabéns ao leitor que, após a leitura, certamente terá elementos práticos e teóricos para revisitar sua ação pedagógica.

Maria da Graça Souza Horn
Doutora em Educação pela Universidade Federal do Rio Grande do Sul (UFRGS)

Maria Carmen Silveira Barbosa
Doutora em Educação pela Universidade Estadual de Campinas e Professora Associada da Faculdade de Educação da UFRGS

Prefácio
Tempo de silêncio

O homem imperturbável, o que continua sendo imperturbável, inteiro [...] Se guardar seu fundo de liberdade que lhe permite escolher o que lhe passa, escolher aquilo que o está aplastando. Dizer: quero, sim, quero, quero, quero, quero estar aqui, porque quero o que acontece, quero o que é, quero a verdade, quero, sinceramente quero, assim está bem. "O que é que pede todo prazer? Pede profunda, profunda eternidade." (tradução nossa)

Luis Martín-Santos

SILÊNCIOS E ESCUTAS

Acabo de ler com paixão o livro de Paulo. Foi em um trem, em uma viagem de quase mil quilômetros. Não sei por que a leitura me transportou a esse *Tempo de silêncio*, de Martín-Santos. Talvez seja pela proposta sinuosa, constelada, da própria escrita criativa do texto que temos em mãos ou pela relação entre o monólogo interior e as múltiplas conversas travadas.

Também é pela maneira respeitosa de sugerir a escuta da infância a partir de um tempo que é oferecido, sem estímulos, deixando que a ocasião *epífana* emerja desde as possibilidades do trânsito do silêncio. O poeta José Valente diz que "o poema é produzido por espera e por escuta da linguagem". Também acredito que apenas podemos visualizar o imaginário infantil com profundidade desde a consciência da espera de um tempo sem tempo. Esse *kairos* que nos permite reconhecer a cultura da infância mediante a *presença do silêncio*. O silêncio, como valor educativo (TORRALBA, 2001), supõe a emoção disponível da emergência das cem linguagens: as do gesto, as do tom, as das entrelinhas, as da mínima expressão, as do grito, as do ritmo, as da cadência, as do inexpressável... A valia do silêncio contemplativo permite que aflorem, também, as palavras autênticas – semântica simbólica de suas formas culturais – não ajuizadas contra meninos e meninas. Essa forma vivencial da eloquência do silêncio é o que se apresenta nas vozes deste livro. Não é fácil dialogar com as crianças: nossos olhares delatam no brilho particular dos olhos nossos próprios preconceitos. Isso é o que sinto muitas vezes quando observo meninos e meninas que, quando observados por mim, escondem-se buscando a solidão dos que não querem ser vistos para não ser julgados. Também existem outras formas mais sutis de esconder-se, por exemplo, satisfazendo – em aparência – as expectativas das pessoas adultas.

Penso em tudo isso enquanto olho pela janela do trem e escuto o estrépito da paisagem sonora que o trem cria e constrói. Assim, chego à estação de Málaga. Curiosamente, essa se chama María Zambrano. Que casualidade, não? A filósofa malaguenha nos propõe provocações que têm a ver com o trabalho de Paulo. Ela fala de como o "[...] perguntar é contestar tudo o que se sabe, especialmente quando se é um sábio; é deixar o saber como uma vestimenta, despojar-se mesmo daquilo que se tem por mais certo" (ZAMBRANO, 1989, p. 98, tradução nossa). Fala de como ser um ignorante novo e distinto de todos os demais. Na realidade, de como transitar por um eterno enigma. Esse também é o esforço de Paulo, que busca, na força e na bondade das perguntas, entrar no mundo desconhecido das veredas escarpadas de uma infância que surpreende por ser inesperada. Voltarei a esse tema.

A DANÇA DOS OLHARES

Tive a sorte de conhecer Paulo em Pamplona e compartilhar com ele meu trabalho como *atelierista* de meninos e meninas. Lembro-me particularmente de seu olhar profundo, de sua forma de interrogar com os olhos o mundo da infância, que, na verdade, é uma forma de questionar a si mesmo. Esse também é o fio condutor de seu livro. Quero falar mais sobre esse fundamental assunto. Para isso, recorro a algumas sugestões de um livro muito particular, *Arquitecturas de la mirada* (BUITRAGO, 2009). E o escolho porque é uma obra sobre dança, que harmoniza com outra das paixões de Paulo, o baile. A portuguesa Claudia Galhós nos fala da observação como a capacidade de alguém de "[...] executar a ação de deslocamento e sair de sua posição confortável e experimentar o mistério" (GALHÓS, 2009, p. 164, tradução nossa). Na dança – diz Claudia – cria-se um lugar de encontro, um lugar-entre, onde nosso olhar é habitado pelo olhar de quem nos observa, como uma atitude de abertura ao outro. E essa é a operação que Paulo faz, particularmente quando narra o encontro de João com o espelho e com a máquina fotográfica. Essa atitude observante para sair de uma postura cômoda é a viagem que Fochi nos propõe.

IMAGINÁRIOS DA INFÂNCIA

Paulo nos transporta para esse mundo quase imperceptível por meio do contato com as possibilidades insuspeitas dos bebês, inclusive, eu diria, inoportunas. Ainda hoje as crianças são consideradas os *ainda-não*: "[...] os ainda-não adultos, ainda-não responsáveis, ainda-não capazes, ainda-não competentes, ainda-não com os mesmos direitos, ainda-não confiáveis, etc. (CASAS, 2002, p. 33, tradução nossa). Apesar dos avanços psicopedagógicos, a infância é, figurativamente, essa categoria social dos "menores", em todos os sentidos. Da mesma maneira, também é uma infância do *contudo-não* ou do *falta-lhe*: "*contudo-não* fala, *falta-lhe* pouco para andar, *contudo-não* sabe contar, *contudo-lhe-falta* aprender a dormir sozinho...". Criaturas-objeto que, algumas vezes, são enfaixadas física ou psicologicamente, como narra magistralmente Julio Cortázar: "[...] sua avó enfaixava seu bebê, transformava-o em uma pequena múmia soluçante, porque o bebê queria mover-se, brincar, tocar o sexo, ser feliz com sua pele e seus cheiros e as cócegas do ar (CORTÁZAR, 1972, p. 76, tradução nossa). Meninos e meninas que devemos instruir ou educar (em algumas línguas, o significado é equivalente ao de "adestrar"), para chegarem a ser membros de direito do *já-sim*. O mesmo acontecia social, cultural e politicamente com os chamados *povos primitivos*. No entanto, Rodolfo Kusch nos fala, brilhantemente, da geocultura (um domicílio existencial, diz), do valor de um pensamento popular que, frente a um pensamento ocidental dominante, introduzido excessivamente na técnica de subtrair-se à novidade, é capaz de filosofar complexamente sobre seu ser e estar no mundo, distante do chamado progresso (KUSCH, 1976, 1978).

No que diz respeito à imagem da infância, o ponto de partida de Paulo é antropologicamente diverso. Ele afirma que "o extrato do trabalho pedagógico em contextos de vida coletiva reside em uma ideia muito mais complexa e profunda do que podemos imaginar". E essa é a aventura prática e intelectual que nos submerge, como se nos introduzíssemos em um mar de avatares, com um barco que flutua nas águas do desconhecido, com alguns portos ou faróis que são as intensas fontes teóricas de autores escolhidos com esmero. Tudo isso constitui uma rede conceitual sólida, em que aparecem diversos peixes, reunidos com a paciência desse pescador que busca nas águas da incerteza.

ACOMPANHAMENTOS DE *JAZZ*

Na realidade, o livro de Paulo está escrito em coro com uma professora, uma auxiliar (figura profissional que a partir de minha cultura política, menos hierárquica, resulta-me difícil defender institucionalmente) e, sobretudo, com meninos e meninas (estão aí, entre outros, Caio, Lucas, Carlos, Lara e Gabriel). Uma infância narrada desde histórias ou mini-histórias concretas, verídicas, que exploram mundos possíveis a partir do assombro, da surpresa, do estranhamento e da comoção. Crianças que são acompanhadas pelo que Malaguzzi definia como os "profissionais da maravilha" (VECHI, 2013). Essas pessoas, capazes de aprender e desaprender criativamente os processos originais desses sujeitos exploradores, que começam "o princípio desde o princípio" (BUSTELO, 2007), para viver o mundo com os olhos da novidade. Falo de acompanhar, não de guiar, motivar. Recordemos que "[...] acompanhar vem de 'companheiro', palavra que se origina no latim vulgar de 'companhia' (derivado de *panis, pan*), no sentido da ação de comer um mesmo pão. 'Acompanhar' como alimento que se compartilha" (CALMELS, 2012, p. 21, tradução nossa). Portanto, como algo biologicamente vital. Um companheiro cheio de imprevistos, como em uma *não* partitura de *jazz*.

Paulo se lança também com outros "músicos" privilegiados de viagem: Emmi Pikler, Loris Malaguzzi e Jerome Bruner. Tratar de tecer fios transdisciplinares entre eles é um esforço louvável, embora acredito que o caminho esteja apenas começado e sugerido. Como ele afirma com grande humildade profissional: "Não busco uma verdade linear, determinada, previsível, progressiva ou estandardizada".

Tomo esse desafio de Paulo como admirador crítico de seu trabalho. Não obstante, é necessário desvelar mais a complementaridade e dialogia, nem sempre coincidentes, entre esses autores de referência e a interpretação das experiências práticas que Paulo expõe. No livro, há sugestões de uma rota traçada, mas cada um de nós pode recorrer e inventar novos fios que teçam outras telas.

MÉTODO SEM METODOLOGIA

Gosto de falar mais de método do que de metodologia. O método, desde a perspectiva do paradigma da complexidade, do filósofo Edgar Morin, é uma aventura em direção a uma incerteza em arquipélagos de certezas. Paulo nos apresenta em seu trabalho – como esse etnólogo que se converte em um observador participante do que acontece, tratando de revelar as estruturas significantes com base nas perguntas feitas ou no que encontra pelo caminho – essa descrição densa de que fala Geertz. E um participante envolvido emocionalmente, como quando Carlos, um menino de 11 meses, faz-lhe rir. E isso é muito importante, porque acredito que não podemos educar nem pesquisar sem diversão, sem humor, sem o prazer que esta profissão supõe.

Também penso que é importante ler o trabalho de Paulo como uma revisão do significado de "documento científico", porque há, nesta obra, por sorte, a inclusão de vivências, de entrevistas e de histórias orais – como uma coconstrução de significados – que complementam a própria pesquisa.

Dessa maneira, Paulo constrói uma narração sugestiva, disposta em uma espiral hermenêutica, que flexivelmente deve acolher outras interpretações possíveis e confrontantes. O próprio Bruner critica a possível explicação causal e simplista dos acontecimentos propriamente humanos.

Paulo se move nesse oceano interpretativo, principalmente quando narra as histórias e mini-histórias de meninos e meninas com precisão e profundidade. Movimenta-se como um detetive hermenêutico que, de forma abdutiva, vai desvelando alguns segredos do comportamento infantil.

Não podemos pesquisar com profundidade se não temos boas perguntas e hipóteses adequadas de trabalho. Hipóteses que são apenas crenças que queremos colocar *cientificamente* em dúvida.

As perguntas de Paulo não são, em absoluto, banais. Nascem do interesse por compreender as capacidades infantis (e também adultas) nas experiências que emergem em contextos de vida coletiva.

Paulo se questiona como tornar visível uma imagem adequada de infância, como suas atuações podem problematizar a ação docente e como se pode constituir uma pedagogia coerente, segundo essa imagem, para a primeira infância. Grandes perguntas que o autor confronta com reflexões e experiências pensadas e interpretadas, que dão valor à sua própria forma de questionar-se.

DOCUMENTAÇÃO-OBSERVAÇÃO-REGISTRO-*PROGETTAZIONE*

É muito sugestiva a relação construtiva que Paulo estabelece entre estes elementos que se retroalimentam em espiral e a dificuldade que anuncia de *batizar* semanticamente conceitos para poder comunicar a complexidade do que se quer expressar.

Mediante uma rica bibliografia cultural, Paulo nos introduz na compreensão e matização etimológica e semântica desses conceitos, às vezes, indefiníveis. Conceitos que servem para olhar a infância, como aproxima Paulo, não com a miopia de ver meninos e meninas em suas incapacidades, no que ainda não são capazes de fazer, mas sim – o que já comentei e reitero – como crianças cheias de potencialidades, capazes de arrancar com originalidade os sentidos e significados culturais do mundo desde sua própria cultura.

Desvelar as possibilidades da documentação como método de pesquisa é uma difícil tarefa que Paulo enfrenta teórica e praticamente com muito esmero e profundidade. E não é fácil. Ele a faz com sistematicidade e rigor, fundamentalmente quando analisa e narra os episódios de meninos e meninas reais que são *metainterpretados*, com respeito e códigos inventados, que nos ajudam a analisar as cenas com matizes insuspeitados.

A documentação é, para mim, deixar constância sistemática e narrativa de processos vitais e essenciais da cultura da infância. Falando de documentação fotográfica, parece-me oportuno citar o grande Cartier-Bresson. O fotógrafo francês fala da fotografia como

> [...] o reconhecimento simultâneo, em uma fração de segundo, por uma parte, do significado de um fato e, por outra, de uma organização rigorosa das formas percebidas visualmente que expressam esse fato [...] o conteúdo não pode ser separado da forma; por "forma" entendo uma organização plástica rigorosa em virtude da qual, unicamente, nossas concepções e emoções se tornam concretas e transmissíveis. (CARTIER-BRESSON, 2014, p. 33, tradução nossa).

Este é o esforço de Paulo, que se concretiza mais no conteúdo do que na consciência dos ritmos poéticos e artísticos fotográficos. Não é, em qualquer caso, fácil.

As fotografias dão autenticidade a seu trabalho. Uma documentação que não quer medir as aprendizagens das crianças, nem sequer, eu diria, explicá-las, mas compreender com mais profundidade a cultura infantil. Edgar Morin diz:

> A compreensão é mais que a explicação. A explicação trata da realidade humana como objeto. A compreensão pode integrar a explicação, mas implica uma empatia de sujeito para sujeito. Não podemos conhecer nem compreender alguém sem um esforço de empatia, de identificação ou de projeção [...] teria que começar com as crianças. (MORIN, 2010, p. 222-223, tradução nossa).

AS HISTÓRIAS NARRADAS

Considero o trabalho interpretativo nos episódios e cenas documentadas original, sensível e minucioso. Relatos que agradeço, porque respeitam o processo de cada menino ou menina, sem apuros, dando um tempo para crescer, relacionar-se, pensar, acompanhar, olhar...

Trata-se de um trabalho sólido, argumentado, *multi-interpretado* e respaldado por um certo *corpus* teórico.

Com a permissão amável de Paulo, para continuar refletindo e confrontando, como sempre fizemos, tomo a liberdade de registrar duas considerações críticas, para ampliar outras possibilidades que também dirijo a mim. São elementos para "conversar", um verbo que atravessa esta obra escrita como valor irrenunciável. Lembremos que este, etimologicamente, significa "viver, dar voltas, em companhia".

Por um lado, analisando os contextos de vida coletiva que emergem das imagens, nem todos os ambientes oferecidos às crianças me parecem adequados. Em certas ocasiões, vejo alguns materiais excessivamente estruturados, de plástico pobre, e brinquedos comerciais que pouco contribuem aos pequenos. Também não vejo clara, em alguns espaços, uma adequada estética *ambiental*: cores apropriadas, cuidado na iluminação, na polissensorialidade, na organização e altura da mobília, nos microclimas, na paisagem labiríntica que, penso, as salas para bebês deveriam ter.

Por outro lado, e falando de documentação fotográfica, observo excessivas imagens para narrar os processos. Sou amante do minimalismo documental e acredito que é necessária uma síntese essencial para realizar uma narração que respeite os princípios narrativos indicados por Ítalo Calvino (CALVINO, 1993): 1) *leveza*, saber escolher o essencial e retirar o que pesa e é desnecessário; 2) *rapidez*, como economia expressiva; 3) *exatidão*, que digamos o que queiramos dizer, mesmo que queiramos mostrar as ambiguidades cotidianas da realidade; para isso, é imprescindível conhecer a linguagem cinematográfica e ter muito claro o que queremos dizer, para saber como dizê-lo, com que planos, com que duração, com que efeitos, com que cortes, mediante imagens nítidas, incisivas e memoráveis; 4) *visibilidade*, que o relato tenha sido previamente, de alguma maneira, visualizado imaginariamente por nós, a fim de antecipá-lo; e 5) *multiplicidade*, que dê conta da diversidade da realidade, que seja como seu holograma, onde o tempo narrativo seja representante de todo o tempo discursivo real, que o que mostremos seja variado, sem ser disperso para ser atrativo. Não é fácil, mas é um desafio desses que Paulo gosta.

Esses matizes não tiram o valor do trabalho realizado. O fato de estar documentado permite-nos continuar pensando e confrontando a infância e suas capacidades. Paulo fala com sabedoria nas conclusões, de modo a estabelecer novas conversas, a problematizar a prática e a levar a cabo seu desejo de abertura e ampliação, e reitera sua intenção de não disseminar verdades. Boris Cyrulnik comenta que "a melhor forma de assassinar uma ideia é venerá-la" (CYRULNIK, 2005, p. 32). Esta não veneração é o presente de Paulo ao leitor, o desafio para nossa inteligência, e a exigência de um compromisso com uma infância justamente exigente, repleta de direitos.

Ao terminar o livro, então, começa outra verdadeira aventura: a nossa, com nossas circunstâncias, e com outras crianças.

Alfredo Hoyuelos
Doutor europeu em Filosofia e Ciências da Educação.
Atelierista de Escolas Infantis Municipais de Pamplona e
Professor da Universidade Pública de Navarra

De conversas faladas para conversas escritas

Certa vez, li o livro *Lembrar escrever esquecer*, de Jeanne Marie Gagnebin, em que, logo no começo, a autora anuncia que este é resultado de encontros e congressos que realizou e que, agora, haviam tomado forma de obra, destacando, então, que a oralidade e a escrita atravessavam a feitura, mas também o conteúdo dos 14 ensaios que o compunham. Assim, diz a autora, que "a oralidade viva do diálogo com colegas e estudantes e a procura lenta de clareza e diferenciação, propiciada pela escrita, apoiam-se reciprocamente" (2006, p. 11).

Poderia, então, dizer que de um pequeno projeto-inventário,[1] ao final de 2011, cheguei à feitura deste livro? Talvez não. Sou mais convicto de que o argumento de Gagnebin (2006), sobre a reciprocidade entre a oralidade e a escrita, possa definir como este texto nasceu. Nasceu de muitos encontros, diversas conversas, até mesmo dos amigos, colegas, daqueles que foram meus professores, de livros, teses e dissertações que li.

Surgiu de textos, ensaios, artigos e rascunhos que escrevi, dos bebês que fui pesquisar e de outros que conheci. Dos diversos professores com quem já trabalhei ou que, em palestras e cursos, debateram comigo sobre os desafios da Escola de Educação Infantil. Sobretudo, o objeto "texto" é resultado de lembranças, escritas e esquecimentos.

E é tomando emprestado o título do livro de Gagnebin que vou organizar este capítulo de apresentação; primeiro, falando de algumas lembranças, especialmente daquelas que considero marcas importantes para a constituição deste estudo, depois, da própria escrita, apresentando o que foi feito e a forma como se estrutura este livro, e, por último, do que esqueci, que, como a própria etimologia da palavra sugere, diz respeito àquilo que deixei "cair para fora".

---

[1] Essa ideia de "projeto-inventário" (FOCHI, 2011, p. 8) foi como chamei meu projeto de qualificação da dissertação, que deu origem a este livro, ao construí-lo a partir da metáfora de inventário, que defini como "produzir os achados, trazer à luz aquilo que poderá ser importante para a reflexão de projeto de pesquisa" (p. 6). Para tal, elenquei "achados" como os aspectos, conceitos e argumentos que compuseram o projeto e propus à banca que me indicasse os "perdidos".

LEMBRAR

O interesse em estudar temas da educação infantil existe em mim já faz muito tempo, assim, lembro-me de algumas marcas que acredito compor este trabalho. Uma delas é sobre meus primeiros encontros com a escola, em 1990, quando tinha 6 anos e fui aluno da pré-escola, em Ciríaco, onde nasci e morei até meus 12 anos de idade.

Ciríaco não tinha e ainda não tem creche para bebês. Naquela época, apenas aos 6 anos começava-se a frequentar a escola, e seria a mesma instituição que se frequentaria nos anos seguintes. Hoje, existe uma escola de educação infantil que, assim como tantas outras realidades, atende somente crianças a partir de 2 anos de idade.

O fato é que eu desejava muito ir para a escola. Como filho mais novo, via minhas irmãs chegarem daquele lugar que, na minha imaginação, parecia ser o mais incrível lugar para estar. Algumas vezes, foi realmente incrível, como os inícios de manhã, no tapete com almofadas, onde a professora lia histórias. Lembro também da vez, se não estiver enganado, a primeira, que finalmente pudemos desenhar na lousa.

Outra recordação que tenho, já não mais em Ciríaco, mas em Bento Gonçalves, trata-se da primeira situação em que fui professor. Na ocasião, trabalhei com expressão corporal, no final de 1998, quando, depois de um período como bailarino, fui professor de "Arte e Movimento" – título que dei a um projeto de dança e educação que ocorreu durante cinco anos em escolas de educação infantil – à época, eu era um jovem de 15 anos de idade.

Desse período talvez eu traga as principais marcas que atravessam a maneira como, hoje, entendo a educação para crianças pequenas. Naquele tempo, não tinha consciência do quão produtivas estas marcas poderiam ser, nem do quão capazes são as crianças. De modo especial, recordo-me de como fazia coreografias com as crianças, propondo que, juntos, pesquisássemos formas de fazer movimentos, surgidas a partir da nossa relação com o cotidiano.

O meu contato intenso com escolas naquela oportunidade substanciou de forma particular o meu ingresso na pedagogia, em 2003, pois, além da graduação, colocou-me em contato com um novo campo de leituras. Estas eram confrontadas com crianças de verdade, que eu encontrava diariamente, pelo fato de dividir o tempo entre ser professor-referência de crianças de 4 anos, em um dos turnos, e coordenador pedagógico, em outro.

Como professor-referência de crianças pequenas, fiz meu melhor "curso" de pedagogia. As crianças colocavam em xeque tantas questões que a universidade me dizia ser verdade que logo fui descobrindo o sentido do conhecimento pedagógico. Um campo que é constituído por teorias e práticas, e em que, hoje, descubro outros elementos, crenças e valores.[2]

Aliás, esse é um momento importante a ser lembrado, pois o desafio de refletir sobre a educação dos bebês em espaços coletivos surgiu exatamente nesse período, o que me levou a buscar referências – na ocasião, muitas da psicologia e da saúde – e, mais tarde, atuar como docente dessa faixa etária.

---

[2] Esse tema da pedagogia é tratado neste livro no item *A pedagogia como campo de conhecimento*, no Capítulo 1.

Dos mais de dez anos em que atuei com crianças de diferentes idades, em alguns dos quais como coordenador pedagógico, carrego reflexões e perguntas que marcam profunda e decisivamente minha vida profissional. Depois da graduação, ainda trabalhando em escola, cursei duas especializações, a primeira em Gestão e Organização de Escola, e a segunda em Educação Infantil. Esta última foi crucial na escolha por estudar os bebês, pois, ao final do curso, escrevi uma monografia cujo tema era uma experiência de teatro para e com bebês, em Bolonha, na Itália.

Fruto desse estudo, em 2012, atuei junto a um grupo de teatro na pesquisa e na concepção de um espetáculo para bebês. Quando ingressei no mestrado, propus continuar o estudo sobre o tema antes abordado em minha especialização. No entanto, durante o percurso, especialmente quando conheci o projeto em Bolonha, acabei voltando minha atenção aos bebês, e não mais ao teatro para essa faixa etária.

Acredito que isso ocorreu por questões que fui colocando ao longo do primeiro ano, uma vez que, dadas as atuais circunstâncias da educação de bebês no Brasil, em que estes estão sendo submetidos a processos de escolarização, seria urgente contribuir para o tema, desenvolvendo a pesquisa sobre bebês em contextos de educação coletiva. As lembranças que compartilhei estão atravessadas nas linhas e palavras deste texto, marcando as escolhas feitas e, sem dúvidas, configurando a finalidade do presente livro.

ESCREVER

A escrita deste livro foi um encontro entre a surpresa e o desafio de organizar um estudo em forma de escrita, mesmo quando esta é a maior fragilidade que temos. Refiro-me ao enfrentamento que tive ao dissertar um texto acadêmico, pois escrever foi e é um temor que carrego desde as primeiras palavras que me lembro de ter escrito.

Por isso, ao voltar aos antigos esboços que escrevi e ver as transformações que ocorreram, alegro-me ao concluir o texto que aqui inicia, sabendo que a potência que reside nele está exatamente nas infinitas possibilidades que decorrerão a partir daqui, para mim e para os leitores. Assim, durante o segundo ano do mestrado, exercitei a escrita por meio de artigos que submeti a eventos e revistas, com a função de organizar as reflexões que vinha fazendo entre cursos, apresentações de trabalhos, seminários e congressos dos quais participava, pois as palavras da minha dissertação me acompanhavam e, quase sem querer, tornavam-se a pauta de minhas conversas.

Dessas experiências, a possibilidade dos diálogos que pude estabelecer e a escrita que ensaiava alimentavam e me ajudavam a compreender o tema sobre o qual optei por me debruçar. Nesse sentido, o tema deste livro se constitui em estudos sobre a pequena infância, mais especificamente sobre as ações dos bebês em uma escola de educação infantil.[3]

---
[3] Sobre esse tópico, faço a explanação no item *Perguntas-guias para o estudo*, no Capítulo 1.

Meu interesse era saber o que os bebês poderiam fazer em espaços coletivos com menor intervenção direta adulta, para, a partir daí, refletir de que modo poderia pensar sobre a docência e a escola para essa faixa etária. No entanto, essa questão surgiu conforme estabelecia alguns aspectos anteriores. Assim, para apresentar a estrutura deste livro e compartilhar de que forma compreendi como a parte está no todo, apresento a organização dos capítulos.

No primeiro capítulo, abordo o desejo de pesquisar a experiência educativa, identificando a pedagogia como campo de conhecimento e, dela, detalho as especificidades das pedagogias para a pequena infância, que são o tópico para o qual este estudo pretende contribuir. Nesse contexto, chego aos autores que guiarão o trabalho, interlocutores teóricos de três campos diferentes do conhecimento, mas que incidem diretamente nos estudos sobre os bebês e as crianças pequenas – Loris Malaguzzi, pedagogo, Emmi Pikler, pediatra, e Jerome Bruner, psicólogo. Malaguzzi e Pikler constroem abordagens educativas inspiradoras na Itália e na Hungria. Eles, na experiência concreta, atualizaram teorias e conjugaram saberes e fazeres.

Dessa maneira, ambos trazem companheiros de trabalho e interlocutores que produziram, e ainda produzem, a respeito de suas obras, os quais, neste estudo, também foram de grande importância para subsidiar teoricamente a pesquisa. Bruner chega aos estudos sobre bebês de modo muito peculiar, visto que sai dos laboratórios e vai para contextos reais pesquisar sobre como os bebês conquistam a fala e como aprendem.

Os três autores aqui referidos trazem como eixo central dos seus trabalhos a crença na criança capaz. Por isso, são nomes de grande colaboração nos estudos sobre e para as crianças atualmente. A partir desses estudiosos, estruturo a referida pergunta, que chamo de "pergunta-guia", e apresento o entendimento que faço de ação, contextos de vida coletiva, mundo e experiência.

No segundo capítulo, apresento os caminhos metodológicos que foram inspirados no trabalho de Loris Malaguzzi, pois utilizo a abordagem da documentação pedagógica para estruturar a metodologia desta pesquisa, organizando-a em três momentos, que aconteceram ao longo desse processo: a observação, o registro e a *progettazione*.[4] A partir da abordagem da documentação pedagógica, que é revelar a imagem de criança, de professor e de pedagogia, encontrei um modo para visibilizar as ações dos bebês que construí por meio da análise do material gerado, de modo a compartilhar minhas conclusões em forma de folhetos e mini-histórias sobre as ações dos bebês. Ainda nesse capítulo, apresento a escola e os sujeitos dessa pesquisa, que chamei de "companheiros de pesquisa".

No terceiro capítulo, três histórias narradas e três mini-histórias são compartilhadas com o leitor, a partir da análise dos dados e da interlocução com o campo de conhecimento e com os teóricos mencionados. Nessa parte do texto, respondo às perguntas-guias, apresentando de que forma signifiquei as ações dos bebês deste estudo, organizando-as em ações de comunicar, ações autônomas e ações de saber-fazer.

---

[4] Cada um deles é explicitado nos itens *Observar o campo para estranhar o familiar*, *Registrar no campo para criar cultura pedagógica* e *Contrastar os dados do campo: progettazione*, no Capítulo 2.

Ao longo do texto, também faço provocações que, a partir dessas ações, incitam o professor a pensar nos modos de constituir a docência. Por fim, na conclusão, retomo os aspectos levantados durante o curso da escrita da dissertação que deu origem a este livro e organizo alguns elementos que podem contribuir para o estatuto das pedagogias para a pequena infância, no que tange às ações dos bebês e do professor.

ESQUECER

Como este texto de apresentação foi escrito após a conclusão deste livro, que é fruto de um estudo de dissertação, ao reler os argumentos que foram construídos percebi que foi necessário "esquecer" alguns tópicos. Sem dúvida, seria importante que tivessem sido indicados ou, até mesmo, aprofundados determinados aspectos. No entanto, é necessário deixar "cair para fora", como a própria etimologia da palavra "esquecer" nos indica, tendo em vista (i) a provisoriedade do conhecimento, ou seja, não se trata de verdades sobre o tema em questão, e (ii) a certeza de que jamais será possível dar conta do todo. É necessário assumir que os aspectos aqui tratados dizem respeito a um entre tantos modos de refletir sobre as ações dos bebês em contextos de vida coletiva.

Este tema sobre o qual optei estudar é muito complexo, amplo, e, embora seja foco de uma crescente produção, esta pode ser considerada escassa, especialmente em nosso país. Por isso, foi necessário esquecer, a fim de conseguir estabelecer um "ponto final".

Cabe dizer que em alguns momentos faltaram palavras para nomear determinados conceitos ou situações encontradas, o que me levou a procurar um dicionário etimológico para tentar "batizar", ou elucidar, a ideia que desejava expressar.

Ademais, muitas foram as bibliografias em italiano, castelhano, catalão e até francês que utilizei, das quais, para obter melhor fluidez nos textos, fiz uma livre tradução para utilizá-la em nossa língua.

Produzir esta pesquisa foi, sem dúvida, um grande desafio – disso jamais esquecerei –, mas este se trata de um campo instigante e interessante, tendo sido possível evidenciar a complexidade que reside tanto no cotidiano dos bebês que ingressam em uma escola de educação infantil e nos seus contextos de vida coletiva como no trabalho dos adultos que ali acompanham esses meninos e meninas, seja na condição de professores ou de pesquisadores.

1
Pesquisar a experiência educativa

É a experiência que nos imprime a necessidade de repensar, de voltar para as ideias que tínhamos sobre as coisas, porque justamente o que nos mostra a experiência é a insuficiência, ou a insatisfação, de nosso modo anterior de pensar. **A necessidade da experiência e de parar-se nela, naquilo que nos provoca, se converte em uma origem e um caminho para a investigação**, se é que consideramos a investigação parceira do pensamento, e não somente um procedimento, um esquema de atuação, que gera por si mesmo seus próprios resultados. (CONTRERÁS; LARA, 2010, p. 21, grifo nosso).

Do excerto supracitado dou início ao texto que seguirá nas próximas páginas deste livro, que, não por acaso, é fruto de alguns anos que estive dentro de escolas, na condição de aluno, professor, coordenador, formador e, no presente momento, de pesquisador. Investigar a experiência educativa é uma motivação particular diante das atuais demandas – e de outras nem tão atuais assim – que pulsam nos interiores das escolas e confrontam pesquisadores e estudiosos da área.

Sobretudo, a escolha por investigar a experiência educativa de bebês tem exigido e, ao mesmo tempo, provocado a necessidade de optar por um âmbito de conhecimento da pedagogia, pois é a partir dessa área de conhecimento que interrogações nascem, motivando a necessidade de parar-se frente à referida experiência e, por consequência, eleger perguntas diferentes das dos cânones[5] *a priori* estabelecidas.

Desse modo, tomadas as palavras de Contrerás e Lara (2010), grifadas na epígrafe do presente estudo, a demanda da pesquisa que originou este livro é a origem e o caminho investigado, ou seja, um apoio mútuo para a prática e a teoria adotadas.

---
[5] A educação de crianças pequenas, ao longo da história, foi muito interrogada pelas áreas da saúde, psicologia e puericultura. Consequentemente, as perguntas que decorriam dessas áreas estavam situadas e interessadas em aspectos distintos dos que a pedagogia se interessa. Seguindo essa linha de raciocínio, a escolha da pedagogia como campo de conhecimento, que logo será melhor explicitada, dá-se especialmente pela convicção de que as perguntas que decorrerão dela abordam aspectos específicos da experiência educativa dos bebês em espaços coletivos.

O campo em que realizei a investigação e também as suas peculiaridades convertem-se, ao mesmo tempo, na "origem" e no "o caminho"[6] da pesquisa, visto que a finalidade é refletir e contribuir para a produção teórica sobre e a partir da experiência educativa, considerando que "[...] estudar a educação como experiência é, portanto, colocar em primeiro plano as múltiplas facetas, dimensões e qualidades das vivências nas quais se realizam as situações educativas" (CONTRERÁS; LARA, 2010, p. 23). Essa compreensão dinâmica sobre o processo de pesquisa promove a possibilidade para construir uma pedagogia atualizada, contemporânea e em conformidade com as exigências e reivindicações feitas pelas crianças e os adultos dessa sociedade.

Nesse sentido, entendo que, qualquer que seja a intenção de pesquisa de uma experiência educativa, jamais será possível apreender o todo, assim como a produção, que é fruto da pesquisa, jamais abordará o assunto por completo, mas será um "certo começo" e um "certo caminho". Isso ocorre uma vez que a própria elucidação dos dados está atravessada por um olhar já recortado, fato dado pela filiação teórica e pelo lugar do conhecimento.

Contudo, a investigação da experiência educativa abordada neste estudo deseja sinalizar uma relação mais estreita entre o *locus* e o ato da pesquisa, visto que "[...] toda prática educativa busca ser experiência, quer dizer que seja vivida como experiência, como algo que dê o que pensar" (CONTRERÁS; LARA, 2010, p. 21). Portanto, a implicação de uma investigação que não está desligada da experiência educativa, e vice-versa, busca, de modo especial, reconhecer o fazer e o pensar a educação como algo indissociável, tornando lícito voltar-se à prática educativa e pensar a respeito dela, de modo a descobrir um saber que nem sempre se apresenta de forma tão clara como algo formulável, nem exata e facilmente teorizável (CONTRERÁS; LARA, 2010).

Assim, depois de muito perguntar como se faz uma pesquisa sobre a experiência educativa, descobri que, para tal, haveria de ser feita uma composição de distintos elementos, tal qual a própria palavra sugere, "colocar junto, combinar".[7] Fui, então, percebendo quais seriam os elementos para compor essa pesquisa e compreendi que precisava trazer, como pauta inicial, a educação infantil, atualizando-a em um contexto histórico e, sobretudo, explicitando a compreensão que tenho sobre esse tópico, posto que é o lugar que elejo para a pesquisa.

Da educação infantil, situo a pedagogia, em especial, as pedagogias para a pequena infância, como campo de conhecimento deste estudo, um pano de fundo que constitui e localiza a pesquisa e que se situa em um dos objetivos – sinalizar elementos para a constituição do estatuto das pedagogias para a pequena infância. Ao formar a referida composição, combinei, ainda, os autores

---

[6] Nesse caso, compreendo o caminho também como metodologia, uma vez que este estudo tem um caráter investigativo e formativo. Portanto, a metodologia é, ao mesmo tempo, a finalidade da dimensão de pesquisa adotada, visto que o termo "pesquisa" é compreendido como "[...] uma abordagem ético-existencial factível em uma realidade cultural, social e política, como a nossa de hoje" e, ainda, "[...] como termo para descrever os percursos individuais e comuns percorridos na direção de novos universos de possibilidades" (RINALDI, 2012, p. 186).

[7] A palavra "composição" vem do latim *compositio*, "ato de colocar junto, de combinar", formada por *com*, "junto", mais *ponere*, "colocar, botar no lugar" (CUNHA, 2010a).

que, como interlocução teórica, sustentam e fundamentam as histórias que aqui são compartilhadas e, disso tudo, as perguntas-guias da pesquisa.

Dessa maneira compreendi e constitui a pesquisa, que passa pela composição de um campo, que não estava dado, mas que foi construído à medida que os elementos foram sendo combinados e problematizados. Assim, apresento os elementos que compõem meu campo problemático de pesquisa.

ALGUNS TRAÇOS DA EDUCAÇÃO INFANTIL PARA DESENHAR CONTEXTOS DE VIDA COLETIVA

A escola de educação infantil, ao longo dos anos, vem representando diversas funções para a sociedade, especialmente para adultos e crianças que fazem dessa instituição um espaço de cuidado, de socialização, de aprendizagem e de educação. Isso resulta do fato de que, nas últimas décadas, os diversos segmentos da sociedade têm voltado sua atenção para as necessidades das crianças em contextos de vida coletiva.

No último século, a vida das crianças foi afetada pela entrada da mulher no mundo do trabalho, o que provocou mudanças na sociedade. Nesse contexto, as tarefas de educar e cuidar, que antes eram da esfera privada, passaram para o setor público. Para Kuhlmann Jr. (1998) e Barbosa (2006), a partir da década de 1970, a educação das crianças com idades entre 0 e 6 anos ganhou um novo *status* nos campos das políticas públicas e das teorias educacionais. Isso promoveu avanços também no que diz respeito à oferta de creches e pré-escolas, dando novas dimensões às lutas e militâncias feitas pelas mulheres, sindicalistas e feministas da época.

No princípio, a educação de crianças em espaços coletivos se tratava de um direito da família, opção dos pais, e, com a Constituição Federal de 1988, configurou-se como direito da criança,[8] dever do Estado. Assim, esse fato demarcou um avanço dos direitos da infância e, segundo Barbosa (2010), provocou uma ampliação significativa do acesso dos bebês e das crianças pequenas aos espaços com fins educativos, especialmente em instituições públicas. A partir disso, "[...] se proclama a necessidade da oferta de atendimento em educação infantil", gratuita, em creches e pré-escolas, do nascimento até os 6 anos (BARBOSA, 2006, p. 16).

Ainda de acordo com Barbosa (2006, 2010), Kuhlmann Jr. (1998) e Rocha (2001), essa oferta desencadeou mudanças importantes no cenário social e educacional, como fazer menção à educação infantil, definida, na última LDB[9] (Lei n° 9394/96), como a primeira etapa da educação básica, por meio

---
[8] Portanto, pode-se dizer que é a partir da Constituição de 1988 que a criança é reconhecida como um sujeito de direito, tema que tem motivado profundas mudanças do ponto de vista a respeito da escola e das políticas para a infância.

[9] De acordo com Barbosa (2006, p. 16, grifo nosso) em relação à educação infantil, ao ensino fundamental e ao ensino médio, "[...] um importante marco foi a diferenciação entre eles ocorrer pelo uso da palavra *educação*, e não *ensino*, demonstrando uma visão mais ampla dos processos pedagógicos necessários nessa faixa etária".

de uma seção autônoma, e não mais em posição subordinada às demais etapas (BRASIL, 1996). Assim, indicaram-se seus objetivos e finalidades, a fim de refletir sobre sua articulação com as outras etapas escolares.

Por essa razão, começa uma "[...] importante aposta na contribuição que a escola de educação infantil pode oferecer às crianças pequenas e suas famílias" (BARBOSA, 2010, p. 1), que também acentua atuais desafios, como ampliar a oferta de vagas; refletir, prever e aplicar políticas públicas para essa etapa; e, talvez um dos aspectos mais custosos, pensar na dimensão da qualidade na educação infantil, visto que a definição do que é qualidade será constituída a partir dos contextos em que estiver inserida.

Nesse ponto, quando se trata de crianças com menos de 3 anos, nota-se que seu acesso à escola tem ocorrido cada vez mais cedo, o que influencia em diversas questões, como infraestrutura, tempo e perfil de profissionais. Enfim, aspectos que reivindicam a elaboração de pedagogias que atendam a essa especificidade e ofereçam condições para que as crianças possam criar hipóteses, experimentar e dar sentidos para o mundo.

Pedrosa (2009, p. 17) lembra que,

> [...] há poucas décadas, a criança, no primeiro ano de vida, era considerada um ser imaturo. Pelo fato de não andar, não correr, não falar, pensava-se que ela não sabia outras coisas. Fazia-se uma generalização inadequada, pois se estendia essa incompletude para todos os outros processos! Enfatizava-se também a comunicação linguística sobre a não verbal, a cognição sobre o afeto [...].

Motivados por isso, conforme destaca Pedrosa (2009), sociólogos, psicólogos, antropólogos, educadores e diversos estudiosos voltaram suas questões para reflexões acerca da vida coletiva das crianças,[10] perguntando-se como elas vivem longe das famílias, de que forma se relacionam e aprendem e também sobre como as escolas de educação infantil devem ser organizadas. Nesse sentido, é possível observar que, no curso da história, esses espaços, que estão atravessados por representações do entendimento sobre a criança, marcam a maneira como as escolas e a própria sociedade se organizam para atender e se relacionar com esse sujeito.

Com a entrada nas escolas, em que, outrora, estudava-se a criança sozinha, em situações semelhantes a laboratório, por meio de testes e exames, modificam-se as perguntas em relação à criança e se passa a olhá-la, ainda que de forma muito lenta, em um contexto social e relacional. Nessa perspectiva, a escola vem se constituindo como um "privilegiado lugar das crianças" (BARBOSA; FOCHI, 2012, p. 2), ocasionando um diferencial no estudo dos bebês. Isso pôde ser observado pela crescente notoriedade que esse campo, nos últimos anos, vem ganhando no cenário da pesquisa.

Conforme Schmitt (2008), em uma busca por trabalhos na área com as palavras-chave "bebês", "creche" e "educação de 0 a 3 anos", foram encontra-

---
[10] Para saber mais sobre o assunto, ver Kuhlmann Jr. (1998), Rocha (1999), Barbosa (2006) e Brasil (2009a).

das 58 pesquisas, sendo que, destas, 31 são oriundas da área da educação.[11] Vale salientar que a Universidade Federal do Rio Grande do Sul (UFRGS), por meio do Grupo de Estudos em Educação Infantil (GEIN) e da linha de pesquisa Estudos sobre Infâncias, tem feito importantes contribuições nos últimos anos, por meio de relatórios de pesquisas e dissertações defendidas sobre educação de bebês.

Se nos voltarmos aos dados apresentados no relatório de cooperação técnica, encomendado pelo Ministério da Educação (MEC) à UFRGS a respeito da "produção acadêmica sobre orientações curriculares e práticas pedagógicas na educação infantil brasileira", que mostra que, na competência dos anos levantados – de 2000 a 2007 –, no que diz respeito a livros, teses e dissertações, perceberemos uma ampliação das produções que conciliam creche ou bebês e orientações curriculares, demonstrando que o tema tem ganhado espaço nas pautas de estudos das academias e dos estudiosos (ver Tab. 1.1).

Tabela 1.1 Produção acadêmica na educação infantil brasileira

Palavras-chave	Capes	Rep. do Livro Sing.	Rep. do Livro Plu.	Biblioteca Nacional Sing.	Biblioteca Nacional Plu.	Dedalus Sing.	Dedalus Plu.	F.C.C. Sing.	F.C.C. Plu.
Creche	-	183	116	67	107	104	185	534	4.050
Creche + currículo	32	2	0	0	1	1	1	4	0
Creche + proposta pedagógica	61	0	0	0	0	0	0	0	0
Creche + diretriz curricular	08	0	0	0	0	0	0	0	0
Creche + diretriz pedagógica	20	0	0	0	0	0	0	0	0
Creche + prática pedagógica	92	0	0	0	0	0	0	0	0
Creche + planejamento	43	0	0	5	10	0	2	0	9
Creche + referencial curricular	11	0	0	0	0	0	1	0	0
Creche + parâmetro curricular	03	0	0	0	0	0	0	0	0
Total	**270**	**185**	**116**	**72**	**118**	**105**	**189**	**538**	**4.059**
Berçário	0	13	5	3	2	16	2	0	0
Berçário + currículo	0	0	0	0	0	0	0	0	0
Berçário + proposta pedagógica	1	0	0	0	0	0	0	0	0
Berçário + diretriz curricular	0	0	0	0	0	0	0	0	0
Berçário + diretriz pedagógica	1	0	0	0	0	0	0	0	0
Berçário + prática pedagógica	6	0	0	0	0	0	0	0	0
Berçário + planejamento	4	0	0	0	0	0	0	0	0
Berçário + referencial curricular	0	0	0	0	0	0	0	0	0
Berçário + parâmetro curricular	0	0	0	0	0	0	0	0	0
Total	**12**	**13**	**5**	**3**	**2**	**16**	**2**	**0**	**0**

Fonte: Brasil (2009b, p. 69).

O relatório também aponta a dificuldade ocasionada em função da utilização das diferentes palavras-chave atribuídas pelos autores, pesquisadores e legisladores. Esse desencontro, além de dificultar a interlocução entre os dife-

---

[11] Dados levantados utilizando como fonte as teses e dissertações disponibilizadas na CAPES, o banco de teses e dissertações da USP, Unicamp, PUCRJ, PUCSP, UFSC e UFRJ, bem como trabalhos apresentados na ANPED nacional.

rentes campos, demonstra que, possivelmente, em virtude da falta de um repertório prévio, ou mesmo por conta da ampliação do tema e de suas teorizações e inovações, faz-se necessária a construção de meios para relacionar as distintas produções sobre a área, para poder, em conjunto, consolidar a produção e divulgação dos conhecimentos sobre a educação infantil.

A partir desse cenário, vou compreendendo meu campo problemático para pensar em uma investigação com bebês, optando pelo *locus* da pesquisa – espaço escolar –, dada sua característica especial de interação e de educação de vida coletiva, em que a dimensão de pesquisa a que me vinculo "[...] vem constituindo-se a partir da especificidade de observar, participar, ouvir, atuar e visibilizar as crianças" (BARBOSA; FOCHI, 2012, p. 1).

Nesse sentido, encontro uma espécie de triângulo funcional da creche no *Relatório de práticas cotidianas para a educação infantil* (BRASIL, 2009a), o qual destaca as funções sociais, políticas e pedagógicas dessa instituição, que corroboram para a definição desse contexto como lugar privilegiado para estar com crianças, tornando-se potente para a realização deste estudo.

> Primeiramente, uma **função social**, que consiste em acolher, para educar e cuidar, [...] compartilhando com as famílias o processo de formação e constituição da criança pequena em sua integralidade. Em segundo lugar, a **função política** de contribuir para que meninos e meninas usufruam de seus direitos sociais e políticos e exerçam seu direito de participação, tendo em vista a sua formação na cidadania. Por fim, a **função pedagógica** de ser um lugar privilegiado de convivência e ampliação de saberes e conhecimentos de diferentes naturezas entre crianças e adultos. A articulação entre essas três funções promove a garantia de bem-estar às crianças, aos profissionais e às famílias. (BRASIL, 2009a, p. 9, grifo nosso).

Por tais argumentos e pelos traços da história desse lugar, a escola de educação infantil é desenhada, neste estudo, como "contextos de vida coletiva". Essa ideia encontrada no documento mostra que "[...] as escolas infantis foram sendo reinventadas, desde meados do século XX, para se tornarem colaboradoras dos homens e das mulheres contemporâneos na educação e cuidado das crianças" (BRASIL, 2009a, p. 17-18).

Desse modo, a forma como esses estabelecimentos foram sendo organizados demonstra que sua função vai além de se situar apenas como um lugar para as aprendizagens das crianças, mas também se estabelece por sua natureza pública e de vida coletiva.

> Talvez a experiência de vida coletiva em um ambiente de respeito, diálogo e participação possa oferecer para as crianças um modo de ser e estar que encaminha para relações mais democráticas, além de construir uma sociedade mais solidária e, portanto, sustentável. (BRASIL, 2009a, p. 67).

De acordo com o referido relatório, essa modalidade de experiência está não só para a constituição de um espaço de participação, mas também para a vida coletiva, como meio de aprendizagem com o outro e que também é mediada pelo exercício coletivo: crianças, professores, auxiliares, coordenação, famílias. Por contextos de vida coletiva, ainda busco inspiração na etimologia das palavras "contexto" e "coletivo". As duas trazem, em sua raiz, a ideia de "junto". A primeira vem do latim, *contexere*, que significa "tecer junto". A segunda, *colligere*, compreendida como "reunir, colher junto".

Portanto, a escola, enquanto um conjunto de contextos de vida coletiva, é compreendida aqui como um lugar da vida, tecido por vários fios juntos e em conjunto, tramados e constituídos pela ação do eu com o outro e do outro, que supõe estar em contínuo exercício de construção. Enquanto, nesse contínuo, juntos colhem e acolhem aprendizagens e descobertas sobre si, sobre os outros e sobre o mundo.

A PEDAGOGIA COMO CAMPO DE CONHECIMENTO

A crise do modelo positivista das ciências naturais tem provocado e permitido uma nova forma de construir ciência.

> [...] até a metade do século XX, a maior parte das ciências tinha a redução como método de conhecimento (do conhecimento de um todo para o conhecimento das partes que o compõem), e o determinismo como conceito principal, ou seja, a ocultação do acaso, do novo, das invenções, e a aplicação da lógica mecânica da máquina artificial aos problemas vivos, humanos e sociais. A especialização abstrai, isto é, retira um objeto do seu contexto e da sua totalidade, rejeitando ligações e intercomunicações com o seu ambiente, o insere no compartimento da disciplina, cujas fronteiras destroem arbitrariamente a sistematicidade (a relação de uma parte com o todo) e a multidimensionalidade dos fenômenos; ela conduz à abstração matemática, que, ao privilegiar tudo que é calculável e formulável, executa, a partir dela própria, uma cisão com o concreto. (MORIN, 2003, p. 69).

Morin (2003) reivindica pensar a produção do conhecimento a partir dos contextos em que é produzido, ou seja, compreeder o que é particular, micro, que exige localização em um macro, buscando a relação entre o conjunto. Nesse sentido, é possível localizar a perspectiva de conhecimento em características que flexibilizam os modos de conhecer e apreender o mundo. Aliás, essa perspectiva deixa de ter como desejo o estabelecimento da verdade, e, por isso, as ideias e teorias que circulavam já não dão conta dos paradigmas atuais.

A forma como se percebia o conhecimento – linear, determinado, previsível, por estado progressivo e graus ou categorias estandardizados – deixa lugar em uma dimensão mais complexa, na qual os vocábulos que o acompanham se modificam: o avanço, as pausas e os retrocessos em múltiplas direções. Dessa maneira, os vocábulos desenvolvem-se e articulam-se em redes, parecem ir constituindo novos sentidos sobre o que é o conhecimento na atualidade, confirmando que "[...] todo conhecimento científico é, de fato, um conhecimento em constante movimento" (ROCHA, 2001, p. 29).

Oliveira-Formosinho (2007, p. 14) expressa que a natureza do conhecimento em movimento é um adjetivo da pedagogia e ocorre em virtude de como esse campo do saber se organiza, visto que seu *locus* é a práxis. Portanto, ao "[...] convocar crenças e valores, analisar práticas e usar saberes teóricos constitui um movimento triangular de criação de um espaço ambíguo".

Desse modo, acredito que, ao agregar esse terceiro elemento – das crenças e dos valores – aos outros dois já compartilhados por todos – teoria e prática –, a autora nos coloca diante de uma dimensão importante, seja por causar uma dinamicidade ao conhecimento pedagógico, seja por situar a produção de conhecimento em um contexto histórico e cultural. Histórico pela memória científica já acumulada; cultural pela consideração do contexto e também pela sua atualização em função da produção pedagógica.[12]

Logo, a especificidade da produção do conhecimento pedagógico ancora-se nas bases empíricas e na produção teórica já acumulada. Esse segundo aspecto advém do diálogo interdisciplinar, que é característico da pedagogia, o que não significa, conforme adverte Rocha (2001), uma hierarquização, mas que, particularmente, prefiro definir como uma qualidade para a construção do conhecimento atualizado.

Oliveira-Formosinho (2007, p. 14) registra que

> [...] diferentemente de outros saberes que se constroem pela definição de domínio com fronteiras bem definidas, os saberes pedagógicos criam-se na ambiguidade de um espaço que conhece as fronteiras, mas não as delimita, porque a sua essência está na integração.

A partir desse pressuposto, Rocha (2001, p. 29) sugere que, mesmo a pedagogia situando-se nas ciências que estão em processo de constituição, é possível construir um "[...] estatuto teórico bem definido [...] no sentido de estabelecer normas e interpretações que exigem uma construção constante de suas leis", apoiada em uma dinâmica de atualização e verificação dos paradigmas, à medida que passamos a entender o conhecimento não mais como substantivo, mas, sim, como verbo: conhecer.

Esse parece ser o sentido da pedagogia, uma ciência de dimensão social e praxiológica (OLIVEIRA-FORMOSINHO, 2007; ROCHA, 2001), na qual, retornando ao início deste texto, a sua origem e o seu caminho se convertem na experiência educativa. Ademais, teoria e prática se fundem, ou, tomando a expressão em que Sacristán (1978, p. 175) define a característica da pedagogia, esta ciência trata de perseguir "[...] a sombra que ela mesma tem que ir criando".

---

[12] A autora utiliza a metáfora do jogo de espelhos para elucidar essa ideia de cultura como realidade dinâmica, referindo que o "[...] campo da pedagogia, ao ver o debate na sociedade e na cultura, revê-se no espelho, porque vê os seus debates internos ocorrendo em outros espaços de cultura, encontra-se refletido nesses debates e alimenta-se desse diálogo cultural" (OLIVEIRA--FORMOSINHO, 2007, p. 15).

A partir disso, em consonância com Rocha (1999; 2001) e Barbosa (2000; 2006), opto também por adotar a pedagogia como campo de saber, visto que "[...] hoje, com as novas concepções de ciência e com as redefinições de metodologia de pesquisa, os paradigmas de cientificidade ampliaram-se e torna-se muito mais fácil dar condições científicas à produção pedagógica" (BARBOSA, 2006, p. 21). Dessa forma, este estudo acerca dos bebês nos contextos escolares situa-se na pedagogia, mais especificamente na dimensão plural sobre a qual a autora se refere, *pedagogias*, já que a dimensão plural e diversificada auxilia "[...] no aprofundamento das discussões e no avanço dos conhecimentos" (BARBOSA, 2006, p. 22).

Precisamente, este estudo localiza-se no campo das pedagogias para a pequena infância, tratando de acolher, desde o ponto de vista metodológico, uma abordagem de pesquisa que nasce de uma experiência educativa, portanto, da própria pedagogia. Nesse sentido, é importante destacar que as pesquisas no campo da educação, com ou sobre as crianças pequenas, têm utilizado metodologias oriundas de diversas áreas, como psicologia, antropologia, sociologia, saúde e filosofia.

Neste estudo, pela convicção em utilizar a pedagogia como campo de conhecimento e por almejar metodologias próprias que sejam capazes de compreender seus objetos de estudo, busco, na abordagem da documentação pedagógica, uma experiência pedagógica italiana – que se configura em elementos necessários para a construção metodológica dessa pesquisa –, pois seu mote nas escolas infantis tem sido observar, refletir e revelar "[...] como as crianças pensam, questionam e interpretam a realidade e a própria relação com a realidade" (RINALDI, 2012, p. 123). Isso exige a escuta atenta dos modos como as crianças aprendem, distanciando-se de modos prefixados e, por consequência, havendo desnaturalização dos modos como os adultos compartilham essas aprendizagens.

Além disso, minha convicção na utilização dessa abordagem pedagógica como metodologia está vinculada a seu caráter teórico e prático, aspectos que sintonizam com a própria pedagogia. Tais aspectos desvinculam a escola e o professor de serem tratados apenas como meros objetos de estudo e dão a eles uma posição autoral nesse processo e, com isso, "[...] teriam a possibilidade de parar de se ver e de serem vistos pelos outros como aqueles que apenas aplicam teorias e decisões desenvolvidas por terceiros" (RINALDI, 2012, p. 184).

A abordagem da documentação pedagógica, que aqui ganha o *status* de metodologia, é um tema transversal, portanto, identificador e sinalizador desta pesquisa. Desse modo, serão recorrentes as indicações e os direcionamentos, por se tratar de um conceito novo e sua recorrência se converter na tentativa de ilustrar e fazer-se entender, dada sua complexidade e abrangência.

Pedagogias para a pequena infância na pedagogia para a educação infantil

Conforme anuncia Rocha (2001), é possível que, ainda que não consolidada, a pedagogia vá constituindo seu estatuto e, dessa maneira, situe-se como campo do conhecimento e possibilite a produção de pesquisas a partir dela própria, criando uma espécie de "[...] cultura pedagógica – inquieta, incerta, antirreducionista, metodologicamente plural" (BARBOSA, 2006, p. 23), para, assim, quem sabe, podermos revisar não só o discurso pedagógico, mas também os vocábulos que o acompanham.

Ao se tratar das pedagogias para a pequena infância, acredito que, para a composição desse estatuto, seja necessário evidenciar as especificidades que acompanham esse campo de saber e abrir as portas para um diálogo que deve, pela natureza do seu trabalho, ser ampliado e constantemente atualizado. Tal posição implica assumir uma totalidade complexa, cujos fatores envolvidos são múltiplos e interligados, borrando os limites e, muitas vezes, não sendo possível identificá-los.

Nesse sentido, as pedagogias para a pequena infância se aproximam da perspectiva da complexidade, pois, conforme Morin (1987, p. 431), "[...] a complexidade nos faz sensível para evidências adormecidas: a impossibilidade de expulsar a incerteza do conhecimento". O autor ainda refere que "[...] o pensamento complexo se cria e recria no próprio caminhar" (MORIN; CIURANA; MOTTA, 2003, p. 52), ou seja, a teoria da complexidade adota uma sincronia com a ordem da vida humana: do inesperado, do inacabável, do inalcançável; "[...] um pensamento complexo nunca é um pensamento completo"(MORIN; CIURANA; MOTTA, p. 54).[13]

Conforme o autor, a complexidade "[...] surge onde se perdem as distinções e clarezas nas identidades e nas casualidades, em que a desordem e as incertezas perturbam os fenômenos, em que o sujeito-observador surpreende-se com o seu próprio rastro" (MORIN, 1987, p. 425). Nessa conjuntura, "[...] entender o mundo supõe que o conhecimento se recria no próprio ato, não é pré-dado. [...] Que os fenômenos estão entrelaçados na incerteza, na dúvida, como uma rede de acontecimentos descontínuos" (CABANELLAS; HOYUELOS, 1998, p. 69-70), especialmente, porque a teoria da complexidade coloca-se como um paradigma que não se considera chave única para dar conta do todo, já que, segundo a própria teoria, isso seria impossível. A complexidade é algo que, por definição, é indefinível (MORIN, 1994).

Neste estudo, de forma sumária, procuro tornar visíveis algumas premissas do pensamento complexo, por meio do como os dados foram interpretados e, principalmente, pelo método utilizado, muito embora não seja intenção deste estudo se definir nesta ou noutra perspectiva.

Com isso, julgo prudente elucidar a quais especificidades me refiro, ao sublinhar a constituição do estatuto direcionado às pedagogias para a pequena

---

[13] Hoyuelos (2003), em sua tese, situa os estudos do pedagogo Loris Malaguzzi no campo da teoria da complexidade. Segundo o autor, Loris não adotou a teoria da complexidade como um pressuposto teórico externo imposto, mas, ao se deparar com as primeiras leituras sobre os sistemas complexos, foi permitida ao pedagogo italiano a ratificação de alguns conceitos que já faziam parte de seu cotidiano.

infância, a partir do que Rocha (2001) e Barbosa (2000, 2008) já referiram em seus estudos; e, sobretudo, aproximando-as dos três autores (e dos seus interlocutores) que compõem o quadro teórico que optei utilizar: Loris Malaguzzi, Emmi Pikler e Jerome Bruner.[14]

A partir do momento em que a educação das crianças pequenas tornou-se responsabilidade social e coletiva, nasceu a necessidade de se voltar para a experiência pedagógica e pensar sobre como configurá-la. Atualmente, mesmo com uma produção acadêmica considerável já acumulada, acredito que ainda estejamos constituindo esse campo do saber, inventariando modos de criar um estatuto que permita, ao mesmo tempo, atender à complexa estrutura da educação infantil e "[...] refletir sobre o que se faz na escola com e para as crianças, sem abstrair essa ação do contexto no qual é concretamente realizada" (BONDIOLI, 2004, p. 21). Dessa forma, considerando, portanto, a premissa – como etapa da educação básica – de complementariedade à educação da família: de cuidar e educar.

Refiro-me à especificidade desse tema, desejando contribuir com os estudos para e sobre a educação infantil, com a intenção de que essa etapa da educação básica possa construir parâmetros diferentes das demais, não por julgamento de valor entre uma ou outra, e, sim, pelo caráter que cada uma ocupa na esfera social.[15]

---

[14] Para este estudo, foram utilizados alguns textos de Loris Malaguzzi – encontrados em capítulos de livros (1995a, 1995b, 1999a, 2001) –, outros produzidos em razão da documentação pedagógica de projetos (1997, 1999b), um trecho de uma entrevista em vídeo – localizada na internet (1985) e em pequenos escritos para o jornal *Rechild*. A obra do pedagogo italiano foi sistematizada pelo autor Alfredo Hoyuelos, em sua tese de doutorado. Para tal, além de ter convivido e trabalhado junto a Malaguzzi em Reggio Emilia, Hoyuelos utilizou um arsenal de documentos, escritos, entrevistas, vídeo-gravações, áudio-gravações e conferências do pedagogo italiano. Além de Hoyuelos (2003, 2004a, 2004b, 2006, 2007), de Cabanellas e Hoyuelos (1994, 1998), utilizo outros autores que abordam a obra de Malaguzzi, em virtude de terem trabalhado ou por estudarem a respeito, tais como Rinaldi (2002, 2004, 2012), Dahlberg, Moss e Pence (2003), Dahlberg e Moss (2012), Bondioli (2004), Bondioli e Mantovani (1998), Gandini e Goldhaber (2002), Edwards e Gandini (2002), Edwards, Gandini e Forman (1999), Gandini, Mantovani e Edwards (2003), Fortunati (2009), Davoli (2011), Cabanellas et al. (2007) e autores que o próprio Malaguzzi sinalizava como suas referências, como John Dewey (2002, 2007, 2010a, 2010b) e Freinet (1975, 1977, 1985). No caso de Bruner (1983, 1995, 1997), além de Malaguzzi indicar como uma de suas últimas referências, Bruner também estuda e escreve sobre o trabalho de Malaguzzi em Reggio Emilia. Nesse livro, o autor acabou ganhando um grande espaço, compondo o quadro das principais referências. Além das obras de Pikler (2010a, 2010b), utilizei a produção de suas companheiras de trabalho, Tardos (2008a, 2008b), Falk (2002, 2011), Falk e Majoros (2002), Falk e Tardos (2002, 2011), Vincze (2011), além de estudiosos e interlocutores da autora, David e Appell (2010), Szanto-Feder (2011), Chokler (1994) e Castell (2011).

[15] Talvez pela recente compreensão da educação infantil como primeira etapa da educação básica e pela herança histórica que carrega, ainda é comum encontrarmos, em distintas realidades, dois polos de atuação: o primeiro desejando se aproximar de todo o aparato do ensino fundamental, em especial, com as crianças maiores de 3 anos; e o segundo, mantendo sua dimensão assistencial – apenas – e ocupando o tempo das crianças na ausência dos seus responsáveis, típico com as crianças bem pequenas. Do meu ponto de vista, o que esses dados revelam é a falta de consolidação de alguns parâmetros que identifiquem as peculiaridades da educação infantil como uma etapa, abrindo margem para a entrada de práticas e políticas perigosas, como o apostilamento, os sistemas de avaliação de desempenho das crianças, a antecipação para a entrada no ensino fundamental ou, ainda, a marginalização das crianças pequenas nos sistemas de financiamento.

De acordo com Rocha (2001), Barbosa (2006) e Brasil (2009a), os sujeitos da educação infantil não são alunos, mas crianças. A escolha de qual palavra dá o nome também revela o modo como nos relacionaremos e atribuiremos o papel desses sujeitos nos cenários em que a vida transcorre. Sacristán (2005), no livro *O aluno como invenção*, aborda a forma como os sujeitos são escolarizados e qual o valor disso para a vida deles.

Concordo com Sacristán (2005) quando ele chama a atenção para o fato de que o papel do aluno na sociedade trata-se de uma invenção feita por adultos – pais, professores, legisladores e intelectuais – a respeito de como organizar e impor normas na vida dos não adultos. Nas palavras do autor, sobressaem-se as formas como os adultos fazem atribuições aos sujeitos e, também, como naturalizamos a presença dos alunos na sociedade. Do mesmo modo, as obrigações já postas de antemão à categoria aluno determinam certo modo de ser e se comportar, ou seja, a forma de ser aluno é de ser sujeito em um sistema anterior a ele.

Consequentemente, ao transformarmos as crianças em alunos, estamos atribuindo a elas uma cultura escolar já marcada pela e na sociedade, que traz consigo outros vocabulários que as naufragam em um arcabouço escolarizado. Garantir que a educação infantil seja habitada por crianças coloca em voga a possibilidade de viverem atribuições de crianças, como brincar.

Ademais, situar a ideia de criança, e não mais de aluno, em contextos de vida coletiva provoca reivindicações relativas: (i) ao respeito à individualidade e contra os movimentos de homogeneização; (ii) à possibilidade da construção de um espaço, no qual adultos e crianças habitem, de modo que as culturas infantis e adultas convirjam, deixando de lado o caráter dominante do adulto sobre a criança; e também (iii) à dimensão humana que reside sobre a ideia de que a criança que chega ao mundo – conforme destaca Malaguzzi (1995a), desde a sua chegada na cena humana, é desejosa de se comunicar e de se relacionar e está engajada para experimentar o seu entorno.

Logo, é importante fazer outro destaque, que Malaguzzi define como "membrana teórica": a *imagem da criança*[16] (FORTUNATI, 2009; HOYUELOS, 2004a, 2006; RINALDI, 2012). Além de ser o ponto central na sua pedagogia, o autor afirma que é a partir dessa imagem que declaramos nossos princípios éticos em relação às crianças, ou seja, definimos qual é o ponto de encontro entre o nosso discurso e a nossa prática para e com as crianças. Dessa forma, "[...] este é o cimento sobre o qual temos de sustentar todo o projeto educativo. É a pergunta prévia e primeira em relação a outras perguntas sobre o para quê e como educar" (HOYUELOS, 2004a, p. 55).

Segundo Malaguzzi (1999a), diversas imagens de crianças já foram – e ainda são – convencionadas na sociedade. Uma delas é a da criança que falta, que não é e que não tem. No entanto, o autor prefere apostar na criança que é, que tem: uma criança ativa, competente, desafiadora e curiosa por experimentar o

---

[16] O tema da imagem da criança, além de compor a transversalidade deste livro – a documentação pedagógica – será mais amplamente abordado nos capítulos a seguir. Nesse momento, quero chamar a atenção sobre o que compõe as especificidades das pedagogias para a pequena infância.

mundo, que se comunica desde que nasce, que é feita de "cem linguagens",[17] de "[...] cem formas de pensar", capaz, inclusive, de criar "mapas pessoais para sua orientação social, cognitiva, afetiva e simbólica" (RINALDI, 2012, p. 156).

Esse importante destaque que Malaguzzi deu à sua pedagogia, do meu ponto de vista, reitera a emergência de defendermos as crianças como sujeitos das pedagogias para a pequena infância. Indo um pouco mais além, isso reforça a premência de teorias pedagógicas que, da mesma maneira, tenham espaço para "surpreender-se" com as crianças, logo, que não estejam interessadas em alocá-las em marcos predefinidos.

Outro aspecto que compõe a especificidade das pedagogias para a pequena infância nos contextos de vida coletiva trata de refletir sobre os locais nos quais as crianças e os adultos se encontram e convivem diariamente, grande parte do seu tempo, que deixam de ser salas de aula e se tornam salas-referências (BRASIL, 2009a) ou "unidades de vida" (DAVID; APPELL, 2010, p. 31). No que diz respeito a esse tópico, é importante destacar que, segundo Bondioli (2004), os espaços habitados pelas crianças e pelos adultos assumem significados particulares em razão tanto daquilo que os difere de outros espaços, quanto da natureza que os constitui e de sua função social.

A autora citada exemplifica, ao se referir à sala-referência, que "[...] o ambiente referência de um grupo qualifica sua pertinência e, como tal, é vivenciado como espaço 'próprio' que deve ser defendido de estranhos ou que deve ser aberto a eventuais hóspedes" (BONDIOLI, 2004, p. 23). Em todo caso, ainda de acordo com Bondioli, os espaços são constituídos socialmente, ou seja, as normas de permanência e acesso, a convivência, as interações e as próprias proibições são marcadas pela forma como estão no contexto e pelas narrativas que as constituem.

A mudança do nome poderá implicar – em nível maior ou menor – a transformação da organização e estruturação desse espaço. Em outras palavras, uma vez que se compreende que não se trata de uma sala de aula, também pode ser possível compreender que não é necessária a presença do quadro-negro e de classes e cadeiras igualmente ao número de crianças, e, assim, não se fazem necessários determinados tipos de comportamentos.[18]

Se, no ensino fundamental, a função ou o objeto é o ensino e, por isso, configura-se como "[...] um espaço privilegiado para o domínio dos conhecimentos básicos" (ROCHA, 2001, p. 31), a educação infantil é o lugar privilegiado das rela-

---

[17] A expressão "cem linguagens" é uma metáfora que Malaguzzi criou, escrevendo um poema com o mesmo nome, que marca sua ideia em relação à criança.

[18] Gosto de pensar que o local religioso, por exemplo, para cada grupo social, muda também o comportamento daqueles que o habitam. Uma igreja, um terreiro de umbanda, uma casa de culto e um centro espírita trazem consigo modos distintos de acesso e permanência. A escola pesquisada funciona em um antigo seminário religioso. Embora não tenha nenhuma afiliação religiosa hoje, ela ocupa o local em que antes funcionava um seminário. O que antes era a igreja, a partir das mudanças feitas pela escola, tornou-se um salão de atos, que também é utilizado como espaço para atividades múltiplas. Se, antes, esse mesmo espaço exigia determinados tipos de comportamentos, hoje, permite outros modos de ocupação. O espaço continua o mesmo, mas o fato de trocar de nome e de mobiliário mudou também sua função e, portanto, os modos como ali se vive.

ções (MALAGUZZI, 1999a). Ou seja, o foco do trabalho nos primeiros seis anos de vida é voltado para os processos de como as crianças se relacionam consigo mesmas, com as outras crianças, com os adultos e com o mundo.

A perspectiva indicada ganha força com os pressupostos que Barbosa (2006, p. 24) destaca sobre alguns aspectos diferenciais das pedagogias para a pequena infância, iniciando a respeito do entorno desse objeto:

> [...] as relações entre o cuidado, a educação, a nutrição, a higiene, o sono, as diferenças sociais, econômicas, culturais das diversas infâncias, a relação com as famílias, as relações entre adultos e crianças que não falam, não andam e necessitam estabelecer outras formas não verbais ou não convencionais de comunicação, as relações entre adultos e crianças pequenas na esfera pública, o brinquedo e o jogo.

Além desses aspectos, a autora chama a atenção para os temas gerais da cultura contemporânea que as pedagogias para a pequena infância devem assumir, destacando a importância para a constante reflexão sobre o contexto, como "[...] aqueles relacionados a gênero, cidadania, raça, relações educativas com as comunidades, religião, classes sociais, globalização e as que influenciam de modo incisivo as questões da educação da pequena infância" (BARBOSA, 2008, p. 24).

Por fim, Barbosa (2008) considera importante a relação com os grandes temas da pedagogia,

> [...] como a ação educativa e o currículo, verificando-se os efeitos que tais formas de engendrar e ver o mundo causam em um certo grupo de seres humanos que se encontra em uma faixa etária específica, em um determinado tipo de instituição e em um certo contexto. (BARBOSA, 2008, p. 24).

Valendo-me do último aspecto destacado pela autora, aproveito para marcar uma espécie de epílogo a respeito das especificidades das pedagogias para a pequena infância, a didática. A palavra "didática", de origem grega, traz, em sua etimologia, os sentidos de "apto para ensinar" ou, ainda, "ensinado". Traduzida e conhecida como a "arte ou técnica de ensinar", faz parte da pedagogia e se ocupa de colocar em prática as teorias pedagógicas. O uso desse termo na cultura escolar está associado à ideia de ensino-aprendizagem.

Davoli (2011) e Rinaldi (2012) falam em uma "nova didática" para a educação infantil, "[...] didática participativa, didática como procedimentos e processos que podem ser comunicados e compartilhados" (RINALDI, 2012, p. 132). No entanto, conforme Soares (1985, p. 40), ao tentar negar sua condição histórica, também estaria sendo negada a própria disciplina, podendo cair no perigo de "transformar a revisão da didática em mera invasão de outras áreas [...]".

Particularmente, concordo com Fortunati (2009, p. 37) quando refere que existe um choque entre a imagem da criança presente nos atuais discursos e os "musculosos" aparatos didático-pedagógicos das escolas. Da mesma maneira, é um contrassenso afirmarmos a imagem de criança capaz, quando todos os artefatos do grande tema da pedagogia se encontram ainda em uma dimensão positivista, isolando e linearizando os componentes da escola (currículo, avaliação, planejamento, rotina, projetos), marcados ainda pela ideia de previsibilidade, ou seja, da estruturação adulta sobre a atividade da criança, a fim de verificar um resultado já antevisto, de pensamento linear e, especialmente, com marcos prefixados, que avalizam a criança e ditam os conteúdos a serem ensinados.

Por essa razão, considero que refletir sobre a didática na educação infantil implica uma recapitulação dos aspectos mencionados, visto que uma vez revelados (i) a incoerência entre o discurso acerca das crianças e das práticas realizadas; (ii) a dimensão praxiológica e social das pedagogias; (iii) o pensamento complexo, do qual aproximo as pedagogias para a pequena infância; e (iv) o local e o objeto da educação infantil: sala-referência e o educar-cuidar; essas questões convocam uma espécie de mudança epistemológica, ou seja, do conjunto de práticas e teorias.

Nesse sentido, compartilho as ideias de Malaguzzi (1995a, 1999a) e de Fortunati (2009) no que tange à construção de um projeto educativo, chamando a atenção para três âmbitos: observação, registro e *progettazione*.[19] O primeiro trata da **observação** do trabalho educativo (MALAGUZZI, 1995a), já que, para o autor, a ação educativa não é aquela de transmitir, mas de escutar as crianças. Fortunati (2009, p. 37) acrescenta que isso implica "[...] formas gerais da relação entre adulto e criança no contexto educacional", em que questiona o discurso sobre as imagens das crianças e as práticas, lembrando que os discursos podem se transformar apenas em retórica, banalizando as potencialidades das crianças e também do educador (FORTUNATI, 2009).

O segundo aspecto é a ideia de **registro**, que, para Malaguzzi (1995b), possibilita dar sentido às ideias e formas de pensar dos meninos e das meninas. Do mesmo modo, para ele, a visibilidade do projeto educativo é um ato político, pois comunica as surpresas e as descobertas do cotidiano (MALAGUZZI, 1995b, 1999a).

Fortunati (2009, p. 40) acrescenta que é possível promover uma memória processual, "[...] a memória como reflexo e elemento gerador de processos de experiência". O registro acaba se fundindo com o âmbito anterior, ou seja, nasce da observação, gera novas observações e, consequentemente, retroalimenta novos modos de continuar o trabalho, o que seria o mote do terceiro âmbito: a *progettazione*.

A atualização do contexto e do fazer educativo se dão por meio da *progettazione*, termo sem equivalência para o português, mas que se difere da ideia de planejamento. Trata-se de uma escolha cultural que evidencia a criança a partir da própria criança, portanto, a partir da ideia de seu próprio tempo e de sua forma particular de interrogar o mundo. Igualmente aliada a essa ideia, a fim de acompanhar percursos que não são possíveis de serem previstos e nascem na emergência da experiência, a *progettazione* aparece como aquilo que pode dar vida a múltiplas experiências. Fortunati (2009, p. 37) chama a atenção para "[...] a função do contexto no processo educacional", em

---
[19] Explicarei, posteriormente, o conceito de *progettazione*.

que adultos e crianças, em um determinado espaço, em uma determinada cultura, promovem oportunidades educativas.

Esse conjunto, observação, registro e *progettazione*, compõe a abordagem da documentação pedagógica e me instrumentalizou para construir metodologicamente este estudo, conforme será apresentado no próximo capítulo.

TRÊS AUTORES PARA COMPOR A INTERLOCUÇÃO TEÓRICA

A partir do delineamento construído, iniciado pelo desejo de pesquisar a experiência educativa em contextos de vida coletiva e, sobretudo, ter como pano de fundo a pedagogia como campo de conhecimento, os autores dos quais fui me aproximando compuseram este campo problemático que resulta em perguntas-guias para o desenvolvimento desta pesquisa.

Para o trabalho que fui construindo, esses autores assumem uma interlocução teórica com a concretude da pesquisa. Não os tenho como verdade, mas como parceiros de diálogos para elucidar e tornar visíveis aspectos gerados no cotidiano de crianças e adultos na creche. A interlocução é no sentido de poder, à luz do argumento dos autores, compreender e conhecer um pouco mais sobre o universo das crianças pequenas.

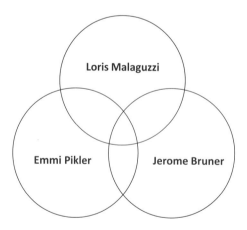

Sumariamente, pode-se dizer que o movimento para chegar a esses autores – Loris Malaguzzi, Emmi Pikler e Jerome Bruner – que, aqui, irei chamar de interlocutores teóricos, foi:
  (i) escolher autores que têm como pano de fundo de seu trabalho a crença na criança ativa e capaz, incidindo, assim, diretamente nos estudos da pedagogia como campo de conhecimento.
  (ii) terem como ponto de partida a experiência educativa concreta como mote para o aprofundamento teórico – Loris, nas diversas experiências na Itália (Reggio Emilia e Modena), e Pikler, com o Instituto Lóczy (Budapeste). Bruner também foi a campo nos estudos com crianças em contextos de vida real, o que, sem dúvida, potencializa seu trabalho.

(iii) o fato de serem pedagogos da infância.[20] Bruner foi, ao mesmo tempo, uma das inspirações teóricas de Malaguzzi, assim como um apreciador do seu trabalho. Os dois trazem importantes contribuições atualizadas para refletir e pensar os contextos educativos. Embora Pikler não apareça na lista dos pedagogos da infância, suas referências advindas da pedagogia e a importância de seus estudos colaboram para a construção das especificidades do estatuto das pedagogias para a pequena infância.

(iv) os estudos interdisciplinares que Pikler, Malaguzzi e Bruner realizaram ampliam as possibilidades de olhar para os bebês e as crianças pequenas, sobretudo, pela forma que colocam em relação campos de conhecimento distintos.

Esse movimento foi aparecendo à medida que as leituras a respeito desses autores aconteciam, pois não estavam estabelecidas *a priori*. Conforme me aprofundava sobre os temas, percebia os pontos de encontro e de complementaridade que cada teórico produzia sobre o outro e, tanto em um quanto em outro, notava que o diálogo teórico qualificava a produção deste estudo.[21]

Loris Malaguzzi

Começo contando sobre Malaguzzi, que, na região de Emilia Romagna, na Itália, difunde uma ideia revolucionária sobre as crianças e sobre a pedagogia. Neste texto, utilizo especialmente o que o pedagogo italiano fala sobre a abordagem da documentação pedagógica e a reflexão necessária a respeito da imagem da criança.

Malaguzzi (1999a, p. 61) ensinou ao mundo que, para construir uma pedagogia para a pequena infância, deve-se estar consciente de "[...] que as coisas relativas às crianças e para as crianças somente são aprendidas por meio das próprias crianças". O autor unca se preocupou em dogmatizar os princípios pedagógicos nos quais acreditava, pelo contrário, sua obra é como um quebra-cabeça, no qual os autores eram peças que ele "[...] encaixava e desencaixava [...] em diversas composições que ajustava e desajustava com relações e combinações inesperadas" (HOYUELOS, 2004a, p. 32).

> Durante o facismo, não dispúnhamos de autores estrangeiros... Depois viemos a conhecer Dewey, Washburne, Dalton, Kilpatrick e Peirce, dos Estados Unidos... e Susan Isaacs, da Inglaterra, Wallon e Freinet, da França... Nos primeiros anos, a Montessori nos foi de grande ajuda como referencial cultural e

---

[20] Bruner e Malaguzzi aparecem na "lista" dos pedagogos da infância do livro *Pedagogia(s) da infância: dialogando com o passado, construindo o futuro*, organizado por Júlia Oliveira-Formosinho, Tizuko Morchida Kishimoto e Mônica Appezzato Pinazza.

[21] Compartilho um recorte da obra dos três autores principais que se relacionam diretamente com o estudo deste livro. Os interlocutores desses autores já foram explicitados neste capítulo, no subitem *Pedagogias para a pequena infância na pedagogia para a educação infantil*, na nota da página 39.

histórico, nunca como modelo; ainda hoje mantemos uma atitude crítica em relação a ela... a abordagem dela é confortante, porém simplista... pode ser perigoso... Depois, Makarenko e Vygotsky, que ainda são muito importante para nós... Piaget e os neopiagetianos... A psicologia social, tanto americana como europeia, Erikson... Depois David Hawkins, que é muito importante... e, naturalmente, a psicanálise, embora dela mantenhamos uma certa distância, com Freud, Jung, Melanie Klein... Ultimamente, a teoria da complexidade, com Morin... Maturana e Varela, dois pesquisadores chilenos que se especializaram em Biologia na Universidade de Harvard... Depois Bronfenbrenner, Bruner, sobretudo o último Bruner, que está resgatando uma solidariedade mais explícita nos recursos das crianças... que fala em sinergia entre o lado direito e o lado esquerdo do cérebro. (MALAGUZZI, apud RABITTI, 1999, p. 61-62).[22]

Além da presença dos distintos nomes de pedagogos, psicólogos, filósofos, antropólogos e linguistas, Malaguzzi também compunha seu quebra-cabeça com artistas, poetas, arquitetos, *designers* e profissionais de tantas outras áreas que acreditava serem importantes para auxiliar a pensar sobre a criança. Conforme lembra Hoyuelos (2004a, p. 32), "[...] atualizava e metabolizava os autores em cada momento e fazia com eles uma operação de cuidado sacrilégio, sabendo que o único sagrado – para ele – era o respeito aos direitos das crianças".

Nas quase cinco décadas do trabalho de Malaguzzi, ele sistematizou sua crença sobre as crianças e a pedagogia por meio da documentação pedagógica das experiências de meninos e meninas nas creches e nas escolas infantis. Malaguzzi (1992, p. 19 apud FARIA, 2007, p. 278) explica, em uma entrevista dada ao jornalista Peter Ambeck-Madsen, que:

> Há séculos as crianças esperam ter credibilidade. Credibilidade nos seus talentos, nas suas sensibilidades, nas suas inteligências criativas, no desejo de entender o mundo. É necessário que se entenda que isso que elas querem é demonstrar aquilo que sabem fazer. A paixão pelo conhecimento é intrínseca a elas.

Por meio da documentação pedagógica, Malaguzzi tornou visível outra imagem de criança, diferente daquelas que até então eram encontradas nos livros de pedagogia e psicologia. Assim, revelou uma criança capaz, portadora do inédito, "[...] uma declaração contra a traição do potencial das crianças, e um alerta de que elas, antes de tudo, precisavam ser levadas a sério" (MALAGUZZI, 1999a, p. 67).

Com o poema *As cem linguagens*, deu nome a uma exposição que girou o mundo, compartilhando documentações sobre as crianças de Reggio Emilia. Seu poema, além de reivindicar que as crianças são "feitas de cem", alerta sobre o papel da escola e da sociedade.

> Ao contrário, as cem existem / A criança / é feita de cem. / A criança tem / cem linguagens / cem mãos / cem pensamentos / cem modos de pensar / de

---

[22] Aqui, as referências de Malaguzzi, os conceitos de experiência de Dewey e algumas questões referentes ao registro de Freinet foram utilizados, além de Bruner, que se tornou um dos principais autores estudados.

jogar e de falar / cem sempre cem / modos de escutar / as maravilhas de amar / cem alegrias / para cantar e compreender / cem mundos / para descobrir / cem mundos / para inventar / cem mundos / para sonhar. / A criança tem cem linguagens / (e depois cem cem cem) / mas roubaram-lhe noventa e nove. / A escola e a cultura / lhe separam a cabeça do corpo. / Dizem-lhe: / de pensar sem mãos / de fazer sem a cabeça / de escutar e de não falar / de compreender sem alegrias / de amar e maravilhar-se / só na Páscoa e no Natal. / Dizem--lhe: que descubra o mundo que já existe / e de cem roubam-lhe noventa e nove. / Dizem-lhe: / que o jogo e o trabalho / a realidade e a fantasia / a ciência e a imaginação / o céu e a terra / a razão e o sonho / são coisas que não estão juntas. / E lhes dizem / que as cem não existem. / A criança diz: / ao contrário, as cem existem. (MALAGUZZI, 1999a).

Esse tema da documentação pedagógica surge para Malaguzzi (HOYUELOS, 2004b, 2006) no final da década de 1960, quando assessorava Reggio Emilia e Modena. Obstinado pela ideia de tornar público o trabalho realizado nas escolas infantis, o autor solicitava aos professores que incorporassem em sua prática o hábito da escrita e que, a partir dela, refletissem sobre o trabalho pedagógico.

Naquela ocasião, Malaguzzi incentivava "[...] os professores a ter um caderno de bolso para escrever as coisas importantes" (HOYUELOS, 2004b, p. 65): falas das crianças, observações do cotidiano, hipóteses que elas lançavam sobre os temas de estudo, enfim, tudo aquilo que pudesse compor como elementos importantes a serem considerados na construção e na atualização dos projetos educativos das escolas, e o que pudessem agregar na intensa jornada do adulto para conhecer as crianças.

Além disso, o pedagogo italiano e os professores das escolas se instrumentalizavam com cadernos que chamavam de "diários" ou de "fatos e reflexões".

> Tratam-se de cadernos grandes, pautados ou quadriculados, escritos com certa elegância [...] na primeira página, indica-se o nome da escola e o grupo, os nomes dos professores que os acompanham no ano escolar de referência; na segunda, registra-se o nome de todas as crianças, suas datas de nascimento e as respectivas datas de ingresso [...]. (BORGHI, 1998, p. 189 *apud* HOYUELOS, 2006, p. 195).

A organização dos registros exigida por Malaguzzi parece compor-se como um dos elementos necessários para que a vida da escola não fosse perdida nem automatizada. Trata-se de um testemunho ético (MALAGUZZI, 2001), no qual se declara publicamente a importância da escola infantil para as crianças, as famílias e a comunidade, assim como visibiliza a valorização do trabalho que professores e professoras realizam nos interiores das escolas. No entanto, só seria possível se os professores se comprometessem ao hábito do registro diário.

Malaguzzi preocupava-se com a ausência de uma cultura de registrar os percursos das crianças, ficava incomodado com o fato de a escola não "[...] dar testemunho cultural ou pedagógico de sua profissão" (HOYUELOS, 2006, p. 194). Além disso, acreditava ser necessário investir em uma mudança do pensamento do trabalho dos professores e das escolas:

> É mais fácil que um caracol deixe rastros do seu próprio caminho, de seu trabalho, que uma escola ou uma professora deixe rastro escrito de seu caminho, do seu trabalho. [...] Em alguns países ocidentais se considera uma interferência inoportuna ou lesiva aos direitos de alguém. Nós fazemos [a documentação] porque nos dá um conhecimento mais próximo e reflexivo de nosso próprio trabalho. (MALAGUZZI, 1989 apud HOYUELOS, 2006, p. 195).

A partir das anotações que as professoras faziam, o pedagogo investia tempo, analisando e, em seguida, organizando encontros para debatê-las publicamente. Malaguzzi pedia para que as professoras "[...] não se centrassem em uma criança sem levar em conta o contexto em que está desenvolvendo suas atuações" (HOYUELOS, 2006, p. 196).

Isso me leva a crer que as influências teóricas de Malaguzzi (1999a, 2001), como nesse caso, e as de Vygotsky impulsionavam sua argumentação e davam a ele subsídios para fazer da escola, do professor e das crianças sujeitos que marcam e são marcados por uma cultura e por uma história.

Malaguzzi sempre se preocupou com uma criança "concreta", que não seria possível ser encaixada em quadros predeterminados. Conforme o pedagogo, "[...] é importante [...] nos esforçarmos para encontrar as expressões certas para não encerrarmos as possibilidades da infância. [...] A criança sempre é um sujeito desconhecido e em contínua troca" (HOYUELOS, 2004a, p. 58).

É por isso que, ao ler e acompanhar as anotações feitas pelas professoras sobre as crianças, Malaguzzi chamava a atenção para o exercício de observação e reflexão que o adulto deveria fazer sobre as crianças, o contexto e o conhecimento.

> Desse modo, vieram a adotar uma perspectiva social construtora, na qual o conhecimento é visto como parte de um contexto dentro de um processo de produção de significados em encontros contínuos com os outros e com o mundo, e a criança e o educador são compreendidos como coconstrutores do conhecimento e da cultura. (DAHLBERG, MOSS, 2012, p. 27-28).

A escrita das experiências das crianças sempre foi um aspecto importante na perspectiva malaguzziana. Narrar é uma forma de produzir conhecimento, assim, "para Malaguzzi, é tão importante observar ou investigar sobre os processos de conhecimento da criança como, posteriormente, saber narrá-los" (HOYUELOS, 2006, p. 179).

Por meio da narrativa é que se constrói sentido à criança, mas, também, ao narrar, os professores "[...] contam suas próprias biografias profissionais e pessoais, nos confiam suas perspectivas, expectativas e impressões acerca do que consideram o papel da escola na sociedade contemporânea" (SUAREZ apud HOYUELOS, 2006, p. 183).

As dimensões narrativas postuladas por Malaguzzi, já no início do trabalho com as escolas infantis, apontam para um legado importante da pedagogia, que é, até hoje, construída nos diversos lugares que se inspiram em seu pensamento. Talvez por sua paixão pelo teatro, suas narrativas são histórias que nos levam a conhecer um universo profundo do conhecimento e das crianças ou de como elas aprendem e se relacionam com o mundo. A poesia das palavras de Malaguzzi não perde força no rigor e no protesto ao respeito pelas crianças e também não se distancia da dimensão prática do cotidiano da escola, nem da mais alta teoria já produzida.

Ao contrário, com bonitas narrativas, o autor consegue reivindicar uma escola de qualidade, torna visível as belezas que emergem no "[...] mundo da vida cotidiana"[23] (MÈLICH, 1996) e protesta por condições melhores para os meninos, as meninas e os adultos que compartilham daquele lugar.

Se, até aquele momento, a escrita era a principal ferramenta para documentar pedagogicamente a vida da escola, mais adiante, na década de 1970, com a abertura da emblemática Escola Diana, Malaguzzi desafia a *atelierista*[24] Vea Vecchi a construir painéis de documentação, explorando uma nova narrativa "[...] que graças à profissionalidade de Vea, torna-se uma documentação de qualidade visual" (HOYUELOS, 2004b, p. 72).

A partir disso, as educadoras descobrem a máquina fotográfica e, com ela, "[...] uma forma de testemunhar e contar acontecimentos extraordinários" (HOYUELOS, 2006, p. 199). Também com apoio de Vea, nasce a exposição *Il Piccione,*[25] sendo a primeira vez que utilizam a fotografia como uma linguagem comunicativa.

Vea Vecchi, com sua sensibilidade e capacidade artística, conseguiu convencer Malaguzzi de que era possível narrar as histórias de crianças e adultos por meio das imagens. Em seguida, o autor "[...] começa a perceber que esses elementos podem ser usados para comunicar qualquer coisa a alguém que não esteja presente diretamente ao realizar a experiência" (HOYUELOS, 2004b, p. 72).

Esse fato teve importância muito grande não só para a documentação pedagógica nas escolas infantis italianas, como também foi a maior fonte da produção de Loris Malaguzzi, que deu origem às "[...] narrações em imagem da revista *Zerosei*" (HOYUELOS, 2006, p. 201), dirigida pelo pedagogo.

Como registrado, Malaguzzi (HOYUELOS, 2006) ainda subverteu a forma da produção de conhecimento e fez da documentação pedagógica sua maior

---

[23] Mèlich (1996, p. 38) refere que "[...] o mundo da vida cotidiana é intersubjetivo; não só está habitado por objetos, por coisas, como também por semelhantes com quem estabeleço ações e relações".

[24] A terminologia *atelierista* é utilizada em Reggio Emilia e em outras cidades que utilizam a abordagem de Malaguzzi para nomear os profissionais, geralmente com formação em artes visuais, que "[...] trabalham com os professores nas escolas municipais de Reggio, normalmente em um ateliê (oficina) [...], onde apoiam e ajudam a desenvolver as linguagens visuais de adultos e crianças, como parte de um complexo processo de construção do conhecimento" (RINALDI, 2012, p. 12). Também é importante registrar que não se trata de um professor de artes que dará aulas sobre esse assunto, mas, sim, outro profissional que atua junto ao professor das turmas nos projetos e trabalhos das crianças. O *atelierista* também é responsável por realizar os registros das experiências das crianças e documentá-los por meio de painéis, folhetos, fôlderes, ou seja, também atua na documentação pedagógica.

[25] *Il Piccione*, "o pombo", é o nome da primeira exposição documental fotográfica realizada por Malaguzzi, Vea Vechi e as educadoras da escola Diana. A exposição é sobre uma pesquisa de observação de pombos de verdade (HOYUELOS, 2004b).

produção de revisões teóricas aliadas à prática[26] – *in vivo*. Essa relação entre os livros (a teoria) e a escola (a prática) se fundia nas produções que Malaguzzi e seus companheiros de trabalho registravam e tornavam públicas como fonte de debate e de cultura pedagógica.

Esse é um elemento importante deste estudo, que indica a iminência de pararmos para refletir a experiência educativa, como a que Malaguzzi fez ao longo de seus anos de trabalho por meio da documentação pedagógica, criando formas de interromper qualquer possibilidade de o pensamento e o conhecimento ficarem parados em discursos e teorias. Ao contrário, o autor preferiu percorrer caminhos difíceis e de incertezas, que o colocava, e a todos que compartilhavam daquele projeto educativo, em um pulsante movimento da vida, do conhecimento e da construção de ideias pedagógicas.

Malaguzzi teve a seu lado companheiros de trabalho que, para a construção deste texto, serviram como seus interlocutores e meus também. Utilizei alguns nomes que trabalharam com o pedagogo italiano ou o estudaram, como é o caso de Alfredo Hoyuelos que, além de ter trabalhado junto a Malaguzzi, escreveu sua tese sobre sua vida e obra[27] e também de Carla Rinaldi, companheira de trabalho de Malaguzzi em Reggio Emilia e atual consultora da Reggio Children. Além deles, outros autores e estudiosos foram utilizados para compreender a abordagem da documentação pedagógica.

Conforme Faria (2007, p. 277), "[...] concomitante à Reggio Emilia, outra cidade da mesma região de Emilia Romagna, sua capital Bologna, também nos anos pós-guerra reorganizava a educação infantil inspirada na experiência húngara de Lóczy".

Emmi Pikler

A experiência de Lóczy inspirou e inspira até hoje instituições interessadas na educação e no cuidado de crianças pequenas. Hoje a instituição recebe o nome de Instituto Pikler, devido aos estudos de Emmi Pikler, mas ainda é conhecida como Lóczy, nome da rua onde fica situado, em Budapeste, na Hungria. Convém dizer que atualmente o Instituto funciona apenas como creche e centro de formação, mas em sua origem era um orfanato que abrigava crianças – do recém-nascido até, aproximadamente, o terceiro ano de vida – tanto em caráter temporário como nos casos em que os pais perderam a guarda.

Formada em medicina e licenciada em pediatria, em Viena, na década de 1920, Pikler postulou conceitos importantes sobre o desenvolvimento motor de

---

[26] Além das narrações em imagens feitas por Malaguzzi na revista *Zerosei*, alguns importantes projetos foram publicados e puderam ser vistos, como *Tutto há um'ombra meno le formiche* (STURLONI; VECCHI, 1999), *Scorpa y metro* (REGGIO CHILDREN, 1997) e a exposição *I cento linguaggi dei bambini* (MALAGUZZI, 1995b), que percorreu diversos países e também foi publicada em um catálogo.

[27] Para a construção deste trabalho, utilizei livros de Hoyuelos, como as seguintes obras: *Loris Malaguzzi: biografia pedagógica* (HOYUELOS, 2004b), *La ética* (HOYUELOS, 2004a), *La estética* (HOYUELOS, 2006), *La complejidad en el pensamiento y obra pedagógica de Loris Malaguzzi* (HOYUELOS, 2003).

bebês, associando-os a aspectos sociais, afetivos e cognitivos, anunciados desde aquela época, ainda que se desconhecesse o termo "psicossomático". Assim, "[...] no modo de pensar e agir de Emmi Pikler, integravam-se indissociada e naturalmente desde o primeiro momento, a saúde somática e psíquica, a noção de interação do indivíduo com o seu meio" (FALK, 2011, p. 16).

As grandes inspirações de Pikler parecem ser seus dois professores, Salzer e Pirquet, e seu esposo, um pedagogo progressista. Durante o período em que trabalhou na clínica Pirquet, aprendeu uma das principais regras postuladas pelo seu professor, "[...] que proibia terminantemente dar a um bebê doente uma colherada a mais do que ele aceitasse voluntariamente" (FALK, 2011, p. 16).

Encontro os resquícios dessa ideia em toda a obra de Emmi Pikler ou de estudiosos da autora. Um dos temas desenvolvidos versa sobre as "[...] atividades de atenção pessoal" (DAVID; APPELL, 2010, p. 11), que se referia aos momentos de alimentação, de higiene e de sono. Nesses momentos, Pikler defendia a ideia de que uma única pessoa deveria atender a um determinado grupo de crianças, individualmente, para que elas soubessem a quem recorrer, caso sentissem necessidade. Destacava, ainda, que, nesses momentos, os adultos não poderiam ter pressa para terminar as atividades de atenção pessoal com a criança. Deveriam estar atentos e também respeitar o ritmo e a iniciativa das crianças para colaborar com a atividade.

Citado pela pediatra em sua monografia, na qual estudou o desenvolvimento motor, Pikler chama a atenção para o primeiro mandamento que Salzer lhe ensinara, que dizia,

> [...] a um bebê ou uma criança pequena se havia de examinar ou aplicar mesmo o tratamento mais desagradável, sem fazê-la chorar e tocando-a com gestos delicados, com compaixão, considerando que, nas mãos, se tinha uma criança com vida, sensível e receptiva. (apud FALK, 2011, p. 17).

Essas ideias atravessam a obra de Pikler e foram propulsoras para que a autora se interessasse pela liberdade de movimentos das crianças, já que ela acreditava que:

> A criança que pode mover-se em liberdade e sem restrições é mais prudente, já que aprendeu a melhor maneira de cair; enquanto a criança superprotegida e que se move com limitações tem mais riscos de acidente porque lhe faltam experiências e desconhece suas próprias capacidades e seus limites. (FALK, 2011, p. 18).

Emmi Pikler, para confirmar a ideia de que o bebê não tem necessidade de intervenção direta do adulto, de suas instruções ou exercícios propostos – para adotar ou abandonar diferentes posições, para se sentar ou caminhar –, ao nascer seu primeiro filho, na crença de uma criança ativa, decidiu não fazer nenhum tipo de aceleração no desenvolvimento dele, mas assegurar todas as possibilidades para que o bebê tivesse iniciativas de movimentos livres e espontâneos.

Em suma, ela tinha uma ideia revolucionária de que os bebês – ainda que recém-nascidos – são indivíduos competentes e capazes de perceber os devidos ajustes que precisam para estar nas posições mais adequadas, equilibrados e confortáveis e, especialmente, devem ser tratados com respeito.

Com o resultado positivo alcançado com seu filho, ela começou a atender em pediatria familiar, seguindo os mesmos princípios e, durante dez anos, Pikler acompanhou e orientou cem crianças, além de seus familiares, a fim de criar "entornos positivos" para os filhos, em troca de qualquer tipo de intervenção direta.

Além da atividade pessoal, Pikler valorizava as atividades livres, principal aspecto utilizado nesta pesquisa, pois, segundo ela, é por meio das atividades livres que as crianças aprendem sobre a autonomia. Falk (2011, p. 27), utilizando as palavras de Pikler, refere que "[...] a criança que consegue algo por sua própria iniciativa e por seus próprios meios adquire uma classe de conhecimentos superior àquela que recebe a solução pronta".

Pikler foi convidada para assumir Lóczy e, desse trabalho, resultaram quatro grandes princípios (FALK, 2011, p. 28):

- a valoração positiva da atividade autônoma da criança, com base em suas próprias iniciativas;
- o valor das relações pessoais estáveis da criança – e, entre elas, o valor de sua relação com uma pessoa em especial – e da forma e do conteúdo especiais dessa relação;
- uma aspiração ao fato de que cada criança, tendo uma imagem positiva de si mesma, e segundo seu grau de desenvolvimento, aprende a conhecer sua situação, seu entorno social e material, os acontecimentos que a afetam, o presente e o futuro próximo ou distante;
- o encorajamento e a manutenção da saúde física da criança, fato que não só é a base dos princípios precedentes, mas também é um resultado da aplicação adequada desses princípios.

Emmi Pikler teve grandes companheiras em seu trabalho em Lóczy, Judit Falk e Maria Vincze, e hoje sua filha, Anna Tardos, continua o trabalho no orfanato, além de palestras e conferências que ministra sobre a "filosofia Lóczy". Geneviéve Appell e Myriam David são duas francesas que conheceram e estudaram a obra de Pikler, escrevendo um dos livros mais indicados sobre o panorama desse trabalho *Lóczy, una insólita atención personal*, no qual a própria Emmi Pikler, ao escrever o prólogo do livro, revela a surpresa do resultado:

> [...] a apresentação sobre o que acontece em nosso centro contribui para elaborar uma síntese de nosso trabalho que ainda não tinha sido levado a cabo, sobretudo, porque consiste em um tratado crítico e objetivo, realizado por especialistas que são capazes de perceber ao mesmo tempo o conjunto e os detalhes [...]. (PIKLER, 2010b, p. 7-8).

Jerome Bruner

Psicólogo e professor universitário, estudou em Harvard (Estados Unidos) com importantes influências, podendo ser destacadas de Jean Piaget, John Dewey, William James, McDougall e, mais tarde, Lev Vygotsky. Bruner passou dos estudos em laboratório (*in vitro*) para os estudos em situações naturais (*in vivo*), mas, em ambos os casos, sempre procurou se articular com diversos campos do conhecimento (desde matemática, ciência computacional, economia até as áreas das artes, da linguística e da antropologia). Notoriamente, seu profundo interesse estava na educação das crianças, especialmente a dos bebês.

Devido ao fato de suas influências de campos científicos e conceituais serem tão distintas, Bruner evidencia a necessidade de uma compreensão biológica e cultural no desenvolvimento do ser humano, e um dos grandes temas localizados na sua produção é o "saber-fazer" na infância, tópico que abordo na última história narrada neste livro.

Bruner refere sobre importantes conceitos para a educação, tais como o pensamento, a linguagem e a narratividade. Sobre o primeiro, o autor o compreende como a principal característica do ser humano, sendo entendido como a atividade de categorizar, inferir e resolver problemas. Sobre a linguagem, Bruner atenta especialmente à forma como os bebês a adquirem, e a narratividade, como aquilo que dá sentido ao mundo.

Segundo Kishimoto (2007, p. 258)

> [...] uma das grandes contribuições para a educação infantil encontra-se nos estudos da última etapa da produção bruneriana. Preocupado com as formas específicas do pensamento infantil, *Actual mind, possible worlds* propõe a narrativa para dar sentido ao mundo e à experiência.

Foi a partir desse pensamento que Malaguzzi se interessou por Bruner e o elegeu um dos importantes nomes para seu trabalho em Reggio Emilia. Bruner também se interessou pelo trabalho do pedagogo italiano e, desde então, tornou-se um grande amigo que acompanha e escreve sobre o trabalho realizado naquele lugar.

A ideia de linguagem proposta por Malaguzzi está diretamente associada ao pensamento de Bruner, que coloca a narrativa produzida nas brincadeiras, nas histórias, na expressão plástica e gestual, nas interações entre adulto e criança, como formas de integração das diversas linguagens. Segundo a análise de Kishimoto (2007, p. 278) sobre a obra de Bruner, os jogos em que são produzidas as narrativas "contribuem, na imaturidade humana, para o uso sistemático da linguagem, auxiliando a explorar como fazer coisas com as palavras".

A linguagem é um dos aspectos de que me ocupo em uma das histórias narradas no Capítulo 3 utilizando os argumentos brunerianos para levar a cabo tal conceito, pois o autor tem contribuído significativamente sobre a forma como as crianças se comunicam com o mundo, expressando seus saberes.

Nesse sentido, também é do seu interesse pesquisar como as crianças constroem seus saberes e, a partir disso, elabora uma importante contribuição sobre a aprendizagem desses indivíduos, que considera a descoberta como chave do processo educativo e que depende da própria criança e da forma que o adulto cria as condições para tal.

PERGUNTAS-GUIAS PARA O ESTUDO

As intenções desta pesquisa e, principalmente, as perguntas-guias para o desenvolvimento deste estudo nasceram de inspirações diversas. O documentário *Babies* (2010), do diretor Thomas Balmes, foi uma delas. Esse filme acompanha, do nascimento até os primeiros passos, o cotidiano de quatro bebês[28] de diferentes lugares, tendo como eixo central o que o próprio diretor definiu como o interesse de captar os chamados "espaços vazios", momentos em que, aparentemente, nada acontece, mas que possuem a síntese e a beleza da vida.[29]

Para falar do espaço vazio, Cabanellas e Eslava (2005) citam Brook (1991, p. 13), que registra:

> Para que possa suceder qualquer coisa com qualidade, é preciso criar a princípio um "espaço vazio". Este espaço permite ganhar vida a cada novo fenômeno. Se observarmos bem todos os campos de um espetáculo, tudo o que concerne ao conteúdo, ao sentido, a expressão, a palavra, a música, aos gestos, a relação, ao impacto, as lembranças que alguém possa ter guardado... tudo isso existe se existe da mesma forma a possibilidade de uma experiência fresca e nova. Sem dúvidas, não é possível nenhuma experiência fresca e nova se não existe previamente um espaço desnudo, virgem para recebê-la.

Nesse sentido, o espaço vazio é aquele em que é possível ser inaugurado o novo, a experiência ser iniciada, viver o inesperado travado pela possibilidade do encontro. O espaço vazio é a possibilidade da frescura de uma nova descoberta, de uma nova palavra, de uma nova conquista.

Na verdade, o interesse de Balmes é poder observar os bebês a partir de sua própria vontade, de saber o que fazem quando existe espaço (físico e simbólico) para atuar. Talvez por isso, durante pouco mais de setenta minutos de filme, ele provoque tamanha estranheza[30] em observar bebês fazendo muito com tão pouca intervenção direta do adulto.

Outra inspiração foi o livro *Baby-Art*, de Holm (2007), que compartilha os registros de bebês e crianças muito pequenas experimentando materiais plásticos. As imagens que narram os movimentos das crianças, bem como a composi-

---

[28] Da Namíbia, da Mongólia, do Japão e dos Estados Unidos.

[29] Trecho de uma entrevista concedida por Balmes (2010), na ocasião do lançamento do documentário.

[30] Por ocasião de formações que tenho realizado, nos últimos anos, em diversas cidades e instituições, utilizo o filme *Babies* como mote para alguns debates e, em praticamente todas as oportunidades, os adultos manifestam sua estranheza, muitas vezes até um desconforto, em ver os bebês tanto tempo sozinhos.

ção do livro, apresentam uma obra convidativa e sensível, que se intensificou na oportunidade em que a conheci pessoalmente e acessei outros trabalhos, compreendendo *como* desenvolve as atividades com os bebês.

Sobre a obra de Holm (2007), acredito que seja produtivo pensar que aquilo que propomos às crianças é algo que precisa ser refletido com muita seriedade, pois elas são capazes de fazer muito, quando são dadas as condições adequadas e, também, porque os materiais e espaços oportunizados a elas não devem ser maiores do que a oportunidade de criarem algo, ou seja, é necessário que haja chances de as crianças modificarem, interferirem e atuarem sobre os materiais e espaços.

Soma-se a essa ideia as palavras de Albano (2007, p. 8) no prefácio do livro de Holm, destacando a mudança do ponto de vista da artista sobre as ações das crianças:

> [...] o olhar de Anna Marie está voltado para as atividades que as crianças desenvolvem fora do foco de sua proposta inicial. Sua atenção está centrada na ação das crianças: para onde olham, como olham, qual é o tempo de seu olhar, como exploram os materiais, como interagem entre elas e com os adultos.

A provocação que encontro nessas palavras é muito grande, ao deslocá-las para o campo da pedagogia, principalmente no contexto em que opto pesquisar. O interesse do olhar de Holm, expresso intensamente por meio das fotos, é fruto do que ela procura, tanto para construir seu trabalho com os bebês quanto aquilo que ela elege para compartilhar, isto é, para tornar público o que os bebês fazem.

Nesse sentido, fui encontrando pistas para construir perguntas-guias no contexto concreto que optei pesquisar, ou seja, uma escola no interior do estado do Rio Grande do Sul, com um determinado grupo de bebês, uma professora e sua auxiliar, com todas as marcas que constituem aquele lugar e aquelas pessoas. Além disso, fui profundamente motivado pela pedagogia, bem como pelos autores que compõem o quadro teórico de que me aproximei ao longo da pesquisa e que foram apresentados anteriormente.

Tudo isso constituiu o meu desejo de olhar para os bebês nos seus espaços vazios, procurando dentro da escola, como contextos de vida coletiva, momentos em que o adulto não estivesse intervindo diretamente para saber quais ações emergiam dos bebês. Para tanto, tive como hipótese que é a partir disso que decorrem as pistas sobre a prática pedagógica em berçários.

No princípio, não sabia ao certo como nomear o que de fato buscava observar. Sabia que meu desejo estava localizado na atuação dos bebês, naquilo que pudessem fazer sem que o adulto dissesse "faça assim", arrisquei, em meu projeto-inventário, chamar de "ações".

Após a qualificação, percorri algumas bibliografias que se ocupam do tema, dos mais distintos campos do conhecimento, para saber o que os autores entendiam e definiam como "ação". Passei pela psicologia de Piaget (1967, 1970, 1975), sobretudo na abordagem *High/Scope* (HOHMANN; BANET; WEIKART, 1979; POST; HOHMANN, 2003), pois se baseia nos estudos do autor.

Depois, para a sociologia de Lahire (2001), para o teatro de Stanislavski (1982) e, por fim, para os dicionários etimológicos. O termo "ação" tomou maior importância quando li a filosofia de Arendt (2007).[31]

> Agir, no sentido mais geral do termo, significa tomar iniciativa, iniciar (como o indica a palavra grega *archein*, "começar", "ser o primeiro" e, em alguns casos, "governar"), imprimir movimento a alguma coisa (que é o significado original do termo latino *agere*). Por constituírem um *initium*, por serem recém-chegados e iniciadores em virtude do fato de terem nascido, os homens tomam iniciativas, são impelidos a agir. [...] Trata-se de um início que difere do início do mundo, não é o início de uma coisa, mas de alguém que é, ele próprio, um iniciador. (ARENDT, 2007, p. 190).

A partir disso, apoio-me no que Bárcena e Mèlich (2000, p. 64) expõem sobre a obra de Arendt, ao referirem que, para a autora, "[...] toda ação envolve iniciar algo novo que não estava previsto". Portanto, neste estudo, foi meu objetivo saber **"quais ações dos bebês de até 14 meses emergem das experiências com o mundo em contextos de vida coletiva?"**. Nesse sentido, cabe ressaltar que compreendo o termo "ação" a partir de sua etimologia, especialmente da forma como Arendt (2007) o explicita, destacando a premissa de que agir supõe "tomar iniciativa", na possibilidade de compreender o bebê como um "iniciador".

Essa ideia assemelha-se com as premissas malaguzzianas sobre a imagem da criança, colocando-a como portadora do inédito (HOYUELOS, 2004a) e, por isso, o "conhecer emerge da própria atuação no mundo" (HOYUELOS, 2004a, p. 28). Dessa forma, concordo com Bàrcena e Mèlich (2000, p. 67) quando dizem que "[...] a ação, pelo seu caráter revelador da própria identidade, é como uma janela mental que nos abre ao mundo e aos outros". Em outras palavras, o que esses autores me provocam a pensar sobre a ação da criança é que, por meio dela, a criança, justamente por sua condição de recém-chegada, está aberta a atuar no mundo de um modo interessado e inteiro, para descobrir sobre si mesma, sobre os outros e sobre o próprio mundo, e que isso só é possível pelo fato de ela estar em ação no mundo.

Nesse sentido, em meu *locus* de pesquisa, considerei como ações dos bebês aquelas em que eles estavam sozinhos, com os outros, com materiais ou nos próprios espaços, indicando o começo de algo provocado por sua intenção. Convém dizer que o destaque que Szanto-Feder e Tardos (2011, p. 41) registram sobre o trabalho realizado em Lóczy cabe perfeitamente como um alerta neste estudo: "[...] não se trata de medir o que a criança é capaz de fazer em determinadas circunstâncias, mas de observar os momentos habituais de sua vida, de olhar aquela criança que está espontaneamente em atividade".

Por experiência, utilizo o conceito postulado por Dewey (2002, 2007, 2010a, 2010b), pois, para ele, "[...] uma experiência é sempre o que é por causa de uma transação acontecendo entre um indivíduo e o que, no momento, constitui seu ambiente" (DEWEY, 2010b, p. 45).

---

[31] Embora a autora, em seu livro *A condição humana*, ao falar da ação, também fale em discurso, neste estudo, o que trago é apenas o conceito construído por ela sobre a ação, que parte da própria etimologia da palavra.

Nesse sentido, a filosofia da experiência de Dewey traz consigo a dimensão de interação, o que ele chamaria de situação: "Situação e modos de interação são inseparáveis. A afirmação de que os indivíduos vivem em um mundo significa, concretamente, que eles vivem em uma série de situações" (DEWEY, 2010b, p. 43). A partir dessa ideia, o modo como vivemos, as situações que enfrentamos, a nossa troca aberta com tudo isso faz as experiências vividas provocarem transformações no ambiente e também no próprio homem, uma vez que a experiência é contínua.

O homem está em constante interação no mundo; assim, nessa tensão com o meio, as emoções, as intenções e os desejos vão se modificando e transformando tanto em quem sofre quanto em quem provoca a experiência. Assim, "quando dizemos que eles vivem em uma série de situações, [...] isso significa, mais uma vez, que está ocorrendo interação entre um indivíduo, objetos e outras pessoas" (DEWEY, 2010b, p. 44).

Ao situar o homem no contexto da interação que, para Dewey, diz respeito à tensão entre o organismo e o ambiente, o autor afirma a relação entre a esfera biológica e a natureza essencialmente cultural do ser humano, tendo em vista que "[...] toda experiência humana é fundamentalmente social, ou seja, envolve contato e comunicação" (DEWEY, 2010b, p. 39). De acordo com o autor, "A palavra interação [...] atribui direitos iguais a ambos os fatores da experiência – condições objetivas e condições internas. Qualquer experiência normal é um intercâmbio entre esses dois grupos de condições" (DEWEY, 2010b, p. 39).

Nessa ruptura do dualismo que tencionará o que é cultural e o que é biológico, Dewey traz a complementaridade desses dois fatores, retirando o "ou", que indica alternância, e acrescentando o "e", que expressa adição. Portanto, para a experiência, segundo Dewey, é preciso levar em consideração o fator interação (sujeito e ambiente/ambiente e sujeito).

> Este é o sentido novo que Dewey atribui à palavra experiência, até então estigmatizada pela tradição filosófica. O ser biológico, com seus caracteres herdados, é moldado pelo meio social, tendo que se acomodar a ele; tal acomodação, no entanto, nunca é passiva, pois o homem não recebe as configurações de sua cultura como um molde que se impõe sobre ele, mas vai modificando, adequando, pouco a pouco, na medida de suas necessidades, as injunções que pensam sobre ele. Em suma, o que define o homem e estabelece o conhecimento formalizado é a experiência, entendida como processo de interação entre o organismo individual e o meio social e cultural, do qual o homem é parte integrante. (CUNHA, 2010b, p. 26).

A partir da ideia de Dewey, que situa a interação como algo fundante da experiência, interrompe o dualismo cultural e biológico e acentua a vitalidade e a dimensão social, compreendendo, neste estudo, *as experiências dos bebês como modos de interação com o mundo*. O mundo aqui é entendido nas palavras de Mèlich (1996, p. 36) como:

> [...] o mundo da vida é o horizonte das certezas espontâneas, o mundo intuitivo, não problemático, o mundo no qual se vive não que se pensa em que se

vive. [...] Neste sentido, o mundo da vida é subjetivo, é *meu* mundo, tal qual eu mesmo, em interação com os demais, o sinto; não é, sem dúvidas, um mundo privado ou particular, mas ao contrário: é intersubjetivo, público, comum.

Por meio desses conceitos, importa destacar que, de diferentes formas, este estudo pretende manifestar o desejo de refletir, no campo das pedagogias para a pequena infância, a necessidade e a relevância de pensarmos em meios de produzir estudos sobre bebês não mais com a finalidade da verificação. Ao contrário, este estudo deve assumir que precisamos conhecê-los mais, descobrir o que os bebês, em seus contextos, produzem, fazem, manifestam, dadas as suas naturezas iniciadoras, do novo, que começam algo, que chegam ao mundo.

Falar da criança é falar do desconhecido, pois, como diz Malaguzzi (1986 *apud* HOYUELOS, 2004a, p. 59),

> [...] uma questão me parece importante; é necessário que tomemos consciência de que hoje, falar da criança ou falar da infância é algo cada vez mais difícil e cada vez mais complexo. Sabem tão bem como eu, quão rapidamente está mudando o mundo; se diz que a cada cinco anos se produzem mudanças qualitativamente muito fortes. Existem mudanças na sociedade, mudanças de tipo antropológico, do tipo cultural, mudanças que também afetam aos adultos que trabalham com as crianças. E aqui está a razão de que falar da criança, hoje, significa afrontar um tema que envolve com muita força e também muito empenho.

Com base nesse conceito e no caminho metodológico utilizado, encontro indicações de como compartilhar as análises deste estudo, que se estrutura por meio de narrativas que evidenciam suas ações – que emergem das experiências nos contextos de vida coletiva, sobretudo aquelas em que a intervenção direta do adulto é mínima –, para tornar visível a imagem da criança. Ações muitas vezes despercebidas de valor educativo, mas repletas de conteúdos. Valendo-me do que diz Hoyuelos (2006, p. 193), essas "[...] são histórias subjetivas de alguns indivíduos da espécie humana que se faz uma história universal da infância, porém de uma infância "testemunhada" que se pode ver, que não é anônima".

Portanto, a partir da pergunta-guia anunciada sobre **quais ações dos bebês emergem das experiências com o mundo em contextos de vida coletiva**, também interrogo:

- Como visibilizar a imagem de criança, especialmente a dos bebês, a partir das ações registradas?
- Como as ações dos bebês problematizam a ação docente?
- Nessa relação, como são constituídas as pedagogias para a pequena infância?

Por fim, trago uma passagem que Cabanellas et al. (2007, p. 35) faz ao justificar a natureza de um estudo com bebês, e que, nesta investigação, fecunda o desejo em um nível também de conclusão:

Não se trata de um diálogo para descrever a realidade, mas sim, de dar a luz, iluminar a complexidade natural das atuações infantis para que o olhar do adulto mude, para encontrar novas vias de abordagens didáticas, mais viáveis, mais respeitosas e mais ricas; para romper os limites que separam a cultura da infância da cultura do adulto.

O esforço deste estudo, assim como a sugestão feita pela referida autora, revela as ações que muitos bebês, no cotidiano das escolas, produzem. Por isso, o intento é sublinhar a importância de tornar essas ações visíveis, significando-as por meio de argumentos teóricos. Aqui, acredito residir o primor da pesquisa.

2
Caminhos metodológicos

Conforme o estudo foi sendo construído, fui listando achados que teceriam essa complexa trama em que escolhi me aventurar para pesquisar: visibilizar ações dos bebês que emergem de suas experiências em contextos de vida coletiva. Entre esses achados, fui me deparando com a necessidade de fazer escolhas que pudessem dar a consistência teórica necessária para a realização da pesquisa, assim como, especialmente naquele momento, encontrar e definir quais seriam os caminhos metodológicos a serem utilizados para levar a cabo este estudo.

Em meio a leituras e disciplinas que cursava e orientações feitas naquele momento nos meus estudos de mestrado, o tema "metodologia" era o que me causava maior interesse, talvez porque estava tomando consciência do quão importante é a escolha dos instrumentos que elegemos para dar vida ao pensamento científico e, talvez ainda, por não encontrar na pedagogia metodologias para utilizar no campo de pesquisa com bebês. A ausência de metodologias na pedagogia me deixava incomodado, uma vez que, desde o princípio, eu a elegi como campo de conhecimento desta pesquisa.

Nesse contexto, um texto disponibilizado na disciplina de Introdução à Metodologia de Pesquisa em Ciências Sociais e Educação, ministrada pela professora Carmem Craidy, autorizou-me a ensaiar um "rapto".[32] O texto se chamava "Método de Pesquisa em Ciências Sociais", de autoria de Howard Becker; e o rapto, no nosso caso, seria a abordagem italiana da documentação pedagógica.

Becker (1997, p. 12), ao tratar sobre o tema das metodologias de pesquisa, chama a atenção para um modo mais artífice de construção metodológica:

> [...] um modelo artesanal de ciência, no qual cada trabalhador produz as teorias e os métodos necessários para o trabalho que está sendo feito. [...] Em vez de tentar colocar suas observações sobre o mundo numa camisa de força de

---
[32] Como será apresentado no texto, a metáfora do "rapto" diz respeito à utilização da abordagem da documentação pedagógica como metodologia feita neste estudo. A partir da leitura do texto de Becker (1997), que sugere a confecção de metodologias de pesquisa, compreende-se uma espécie de autorização para o deslocamento feito no estudo.

ideias desenvolvidas em outro lugar, há muitos anos atrás, para explicar fenômenos peculiares a este tempo a este lugar.

Ou seja, acredito que a proposta de Becker (1997) inclina-se no sentido de problematizar o acoplamento de metodologias consagradas em pesquisas, visto que o campo de conhecimento no qual as realizamos está situado em um âmbito que exige um desprendimento maior aos movimentos do próprio campo. Dessa forma, convoca o pesquisador para a construção de sua caixa de ferramentas, elegendo o que irá colocar dentro dela, tomando consciência do que é necessário.

Ademais, a construção da metodologia de pesquisa, em especial no campo da educação de crianças pequenas, que tem uma relação histórica com pesquisas de laboratório e fora de contextos de vida, encaixa-se no que Fonseca (1998, p. 76) registra, uma vez que "[...] estamos também adentrando uma zona mal definida, mapeando maneiras de ver e pensar o mundo que não são homogêneas, nem estanques".

Por isso, Becker (1997, p. 76, grifo do autor) faz um alerta para o pesquisador de que "não somente pode como deve improvisar as soluções que funcionam onde *ele* está e resolve os problemas que *ele* quer resolver". Consequentemente, na busca de soluções para o meu campo, fui incitado a raptar a abordagem da documentação pedagógica e trazê-la para a pesquisa, a fim de que fosse utilizada como metodologia, pois "[...] a documentação para Malaguzzi é, ao mesmo tempo, a estratégia ética para dar voz para as crianças, para a infância e para devolver uma imagem pública para a cidade" (HOYUELOS, 2006, p. 197). Além disso, é "[...] um processo cooperativo que ajuda os professores **a escutar e observar as crianças com que trabalham**, possibilitando, assim, a construção de experiências significativas com elas" (GANDINI; GOLDHABER, 2002, p. 150, grifo nosso).

Durante o período em que me aproximava das leituras sobre metodologia, também participava de uma disciplina de leitura dos livros de Hoyuelos (2004a, 2004b, 2006) sobre a obra de Loris Malaguzzi, ofertada por minha orientadora. Em virtude disso, fui percebendo o quão produtiva e ampla poderia ser a abordagem educacional desse autor e, por isso, debrucei-me sobre o tema da documentação pedagógica.

Em especial, houve dois livros que me instigaram a pensar na abordagem da documentação pedagógica como uma metodologia de pesquisa. O primeiro foi o livro de Hoyuelos (2006), *La estética en el pensamiento y obra pedagógica de Loris Malaguzzi*, no qual o autor traz esse tema como um dos princípios fundamentais da educação e do conhecimento em Malaguzzi, e o segundo, *Ritmos infantiles*, organizado por Cabanellas et al. (2007), que trata de uma experiência de pesquisa sobre os matizes dos tempos infantis.

Após a realização da qualificação, fui a campo, como irei relatar em seguida, desejoso pela ideia de produzir este estudo com os instrumentos da pedagogia, visto que o endereçamento do trabalho também é aos professores e às professoras de escolas de educação infantil.

Em meu projeto-inventário, fiz alguns esboços de como imaginaria fazer essa "conversão" da abordagem da documentação pedagógica para uma metodologia de pesquisa. No entanto, à medida que fui realizando mais leituras e o próprio campo começou efetivamente a acontecer, percebi que não se tratava de uma conversão, mas da utilização dos pressupostos da abordagem para a metodologia da pesquisa.

Entretanto, foi a viagem que fiz que substanciou esse desafio. Tal oportunidade ocorreu em virtude da Missão Científica de Curta Duração,[33] em que fui selecionado para participar de documentações pedagógicas nas escolas infantis de Pamplona, junto ao professor Alfredo Hoyuelos. Nessa ocasião, também tive o privilégio de conversar a respeito do assunto com Isabel Cabanellas.

Desse ponto em diante, fui concentrando minha atenção naqueles autores que, a partir da obra de Malaguzzi (1995a, 1995b, 1997, 1999a, 1999b, 2001), ocupavam-se do tema,[34] além de alguns números da revista *In-fan-cia*, publicadas pela *Asociación de Maestros Rosa Sensat*, de projetos documentados da Reggio Children (1997), e Sturloni e Vechi (1999) e de guias de orientação para documentar as cidades de Pistoia, Florença, San Miniato, Modena e San Marino, aos quais tive acesso.

Dessa maneira, fui encontrando na abordagem da documentação pedagógica perspectivas para atender os anseios e desejos desta pesquisa. Nesse caso, por via de três movimentos coincidentes. O primeiro é pelo fato de a abordagem da documentação pedagógica se preocupar, como postura política, em tornar visível a imagem da criança, não simplesmente para mudar a retórica, mas para criar uma espécie de outra cultura sobre o que a humanidade fala a respeito das crianças e, com isso, abrir possibilidades de reelaborar as questões científicas a respeito.

O segundo movimento é por reconhecer a criança não somente como capaz, mas também o adulto. Embora minha questão central esteja voltada para a investigação sobre as ações das crianças, os adultos são parceiros e não só estão ao fundo do que quero investigar, mas também podem ou não criar as condições para a emergência das experiências dos bebês. Por isso contemplo, na organização da metodologia, um momento que chamei de "contrastes",[35] para trazer o professor para um espaço-tempo reflexivo. Além disso, esse momento tinha o objetivo de compartilhar aspectos e pontos de vista, como também gerar ações-reflexões-transformações no seu fazer, por meio de perguntas que o próprio professor, em diálogo com o pesquisador, pudesse identificar. O propósito era gerar um modo de investigação com a qual, em cada encontro, as perguntas que nascessem seriam guias para orientar a pesquisa, bem como a prática da professora, e não formas de verificação de resultados.

---

[33] Registro meu agradecimento a Pró-Reitoria de Pós-Graduação da UFRGS, pela oportunidade do financiamento da Missão Científica de Curta Duração no Exterior, que se tornou fundamental para a elaboraçao deste estudo.

[34] A saber: Hoyuelos (2003, 2004a, 2004b, 2006, 2007, 2012); Cabanellas et al. (2007); Cabanellas e Hoyuelos (1994, 1998); Dolci (2011); Davoli (2011); Altimir (2010, 2011); Bonàs (2011); Rinaldi (2002, 2004, 2012); Gandini e Goldhaber (2002); Edwards e Gandini (2002); Dahlberg, Moss e Pence (2003); Kinney e Wharton (2009); Fortunati (2009); Malavasi e Zoccatelli (2012).

[35] Mais adiante, farei uma explanação maior sobre os contrastes.

O último movimento é o da especificidade de interesse, em outras palavras, as perguntas feitas para conduzir um processo documental são sempre em relação às crianças, ao professor e à pedagogia, ao considerar que sempre, ao nos questionarmos sobre um dos aspectos, estamos, ao mesmo tempo, colocando perguntas sobre os demais.

Esses movimentos nasceram de um longo processo de "escovar palavras",[36] que realizei por meio das discussões sobre as obras dos autores já indicados e, como consequência, tendo como ponto de partida esses três movimentos, destaco as etapas da pesquisa na tríade que estruturo com base na abordagem da documentação pedagógica: observação – registro – *progettazione*.

O esquema apresentado a seguir retrata claramente o processo que o estudo percorreu, anunciado inicialmente no projeto-inventário (FOCHI, 2011). Entretanto, esse processo sofreu algumas modificações por meio das leituras e dos ajustes realizados para ir a campo, chegando ao resultado apresentado na Figura 2.1.

No entanto, devo chamar a atenção para o aspecto da tríade observação – registro – *progettazione*, uma vez que ela não ocorre isoladamente, assim como cada um dos quadros (1 – **o** campo; 2 – **no** campo; 3 – **do** campo). Esses são movimentos contínuos no decorrer da pesquisa, que estão em interação. Em outras palavras, a perspectiva é que **o** campo (etapa 1) é um contexto em constantes mudanças, complexo e dinâmico, por isso, sempre requer uma observação. De tal maneira, o registro **no** campo (etapa 2) é um importante aliado para acompanhar e provocar essas mudanças, além de ser entre a observação e o registro que a reflexão, ou a *progettazione*, emerge. Portanto, a partir do que é recolhido **do** campo (etapa 3), nasce a continuidade da observação e do registro, mas também a significação dos dados já recolhidos.

Por último, há a etapa 4, que representa a compilação dos anteriores e a produção do resultado final: este texto, promovido por meio da análise e escrita dos dados gerados, confeccionados em espécies de "folhetos". Essas foram algumas das formas de tornar públicas as ações dos bebês, a partir do resultado da tríade "observação – registro – *progettazione*" da documentação pedagógica, que agrega a teoria e a perspectiva metodológica adotadas. Assim, produziu-se a função da documentação pedagógica: revelar a imagem de criança, adulto e pedagogia por meio de histórias narradas.

Dessa forma, para o entendimento dos caminhos metodológicos traçados por meio da abordagem da documentação pedagógica, cada etapa descrita será desenvolvida nas próximas páginas.

---

[36] Manoel de Barros (2003, p. 2) utiliza o termo "escovar palavras" ao escrever um poema em que conta o seu encantamento com os arqueólogos que escovam ossos para encontrar vestígios históricos. Por isso, metaforiza, dizendo que, por se tratar de um poeta, ele escova palavras.

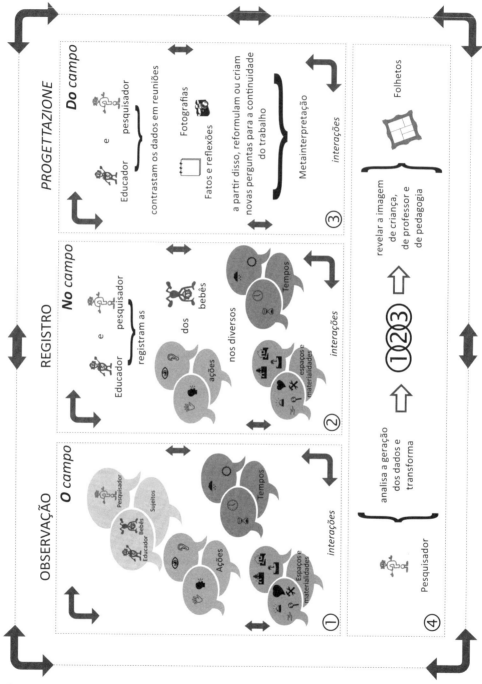

Figura 2.1 Painel da metodologia de pesquisa, a partir da abordagem da documentação pedagógica.

OBSERVAR O CAMPO PARA ESTRANHAR O FAMILIAR

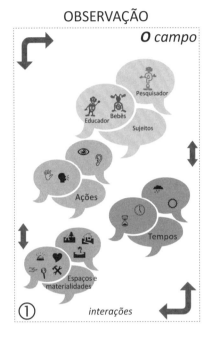

A ideia de observação utilizada por Malaguzzi na abordagem da documentação pedagógica precisa ser, antes de qualquer aspecto, anunciada como diferente das ideias da compreensão da observação postulada há anos por cânones da psicologia do desenvolvimento, pois, como registra Dahlberg, Moss e Pence (2003, p. 191), nesse caso,

> [...] o propósito da observação da criança é avaliar o desenvolvimento psicológico infantil em relação a categorias já predefinidas produzidas a partir da psicologia do desenvolvimento, as quais definem o que a criança normal deve estar fazendo em uma determinada idade.

Em outros termos, a psicologia do desenvolvimento, embora seja uma importante contribuição aos estudos sobre a criança, traz arraigada em seu arcabouço teórico e metodológico a ideia laboratorial – *in vitro* –, que os atuais estudos têm criticado, como é o caso dos da sociologia (SARMENTO; GOUVEA, 2008), da antropologia (COHN, 2009; GOTTLIEB, 2009) e da pedagogia da criança e da infância (BARBOSA, 2006; ROCHA, 2001; DAHLBERG; MOSS; PENCE, 2003; OLIVEIRA-FORMOSINHO, 2007).

Na verdade, a própria psicologia vem se renovando nos últimos tempos, como é o caso de um dos autores desta pesquisa, Jerome Bruner. Pode-se dizer que existe um primeiro e um segundo Bruner, e o que evidentemente modifica de um para outro diz respeito aos métodos que utiliza para a realização de suas pesquisas. Inicialmente, os estudos de Bruner (1995)[37] eram em laboratório, no formato de verificação de resultados. A partir do momento em que o autor foi se interessando por estudar as crianças cada vez menores, foi percebendo que seria necessário estudá-las nos contextos de vida real, pois a própria artificialização do espaço influenciaria o desenvolvimento das pesquisas.

Nesse sentido, a ideia inicial da psicologia do desenvolvimento, da criança universal e da categorização em limites prefixados indica estar fortemente associada à premissa de observar a criança para saber se ela já atende, ou não, a um determinado marco estabelecido. Dessa forma, as instituições, como é o caso da escola, são "produtoras de resultados das crianças" (DAHLBERG; MOSS; PENCE, 2003, p. 192), cabendo a ela a finalidade de formar a criança para que alcance os resultados demarcados *a priori*.

A observação que encontramos na abordagem da documentação pedagógica de Malaguzzi (1999a) é contrária a essa forma, pois diz respeito à "[...]

---
[37] Bruner (1995), no prefácio do livro *El habla del niño*, comenta sobre essa mudança entre os momentos distintos de seu percurso na pesquisa.

tentativa de enxergar e entender o que está acontecendo no trabalho pedagógico e o que a criança é capaz de fazer sem qualquer estrutura predeterminada de expectativas e normas" (DAHLBERG; MOSS; PENCE, 2003, p. 192).

Isso não quer dizer, de forma alguma, que a observação do adulto parta do nada, do vazio. Contrariamente, a observação parte inicialmente da ideia de que jamais será possível dar conta do todo, ou seja, que sempre estamos observando um fragmento, uma parte. Nesse sentido, sabe-se que a observação não tem a função de procurar resultados, nem de encontrar elementos para confirmar o que já é sabido.

Em suma, a observação proposta na abordagem da documentação pedagógica é uma forma de estar interessado e curioso para conhecer mais sobre a criança, o contexto e as formas de como é produzido o conhecimento. Por esse motivo, o autor prefere o uso da metáfora da *escuta* (MALAGUZZI, 1995a, 1995b, 1997, 1999a, 1999b, 2001), que se situa no desejo do inesperado e da surpresa: "[...] se não aprendermos a escutar as crianças, será difícil aprender a arte de estar e conversar com elas (de conversar em um sentido físico, formal, ético e simbólico)" (MALAGUZZI, 1994 *apud* HOYUELOS, 2004a, p. 131).

Nesse sentido, a observação, como escuta, é também uma observação reflexiva, pois consiste em uma "[...] maneira ativa de se opor e resistir ao exercício do *nexus* saber-poder, aqueles regimes de verdade que tentam determinar para nós o que é verdadeiro ou falso, certo ou errado, o que podemos ou não podemos pensar e fazer" (DAHLBERG; MOSS; PENCE, 2003, p. 190).

Ademais, nos atuais paradigmas da complexidade do conhecimento, a verdade e a certeza assumem uma provisoriedade que, por um lado, coloca o observador em uma posição de tensão entre a relativização e a produção de novos conhecimentos. Por outro, se existe um perigo nisso, também existe uma vantagem, que é o de ser um terreno fértil para estar e se relacionar, não mais à procura das respostas certas, mas de significados que possam ser produzidos naquele espaço-tempo e com aqueles sujeitos.

Nesse sentido, a observação corrobora com a reflexão sobre o campo, para conhecê-lo e tomar consciência do contexto, da posição que cada um ocupa nessa relação pedagógica de pesquisa e, sobretudo, de produção de conhecimento. Isto se dá

> [...] fundamentalmente para compreender o sentido e acolher o significado que emerge da experiência. A documentação configura-se como instrumento para dar a cada um, individualmente ou em grupo, consciência do próprio agir. É uma forma de avaliação e autoavaliação e, ao mesmo tempo, de formação e autoformação profissional. (TOMASELLI; ZOCCHI, 2009, p. 26).

A partir disso, parece que a observação situa-se em uma dimensão longitudinal, ou seja, não está apenas no início para avaliar ou conhecer o campo para, depois, os demais elementos da tríade operarem, mas vai acompanhando e auxiliando tanto o registro como a *progettazione*. Em outras palavras, a observação não carrega um sentido de diagnóstico, nem somente a finalidade de observar o campo e os sujeitos. A ideia aqui atribuída parece permitir que os dados, o processo, os sujeitos, o campo e o próprio pesquisador (ou documentador) adquiram visibilidade para a continuidade do percurso. Isso é possível com base em uma ética e uma estética[38] de escuta. Malaguzzi (1994, p. 55 *apud* HOYUELOS, 2004a, p. 129) registra que "[...] temos que admitir que nós, os adultos, falamos muito das crianças, porém, falamos pouco com elas e, além disso, lhes escutamos menos [...]".

Assim, sua dimensão trata-se de uma escuta ao inesperado, que nos coloca tanto em uma posição de surpresa, com aquilo que pode acontecer, como em uma situação de atenção, pois não observamos para documentar o que já sabemos. No entanto, é importante que aconteça um estranhamento do contexto, em especial ao realizar documentações pedagógicas sobre o cotidiano, muitas ações, gestos e falas das crianças podem ser entendidos como naturais e óbvios.

Hoyuelos (2006, p. 121) compreende a escuta em Loris Malaguzzi como "[...] estar alerta para deixar de considerar as coisas como naturais e óbvias, resgatando da evidência trivial o extraordinário, o inesperado que há nas palavras, nos gestos, nos desenhos e nos olhares das crianças".

Ao se estranhar e ao estranhar o que acontece no interior das escolas, o adulto consegue surpreender-se, aliás, Fortunati (2009, p. 38) faz um alerta sobre esse tópico:

> Enfim, uma criança previsível, distante da possibilidade de se expressar ativa e construtivamente e, portanto, com garantias de nunca espantar ninguém com sua maneira de fazer, incluindo o adulto, livra o educador de muitos problemas, sobretudo de toda responsabilidade de escuta preventivamente, confortada por uma suposta consciência do que fazer e com que finalidade. O problema é que, desse modo, não só se transformam completamente em retóricas todas as declarações relativas às potencialidades da infância e seus tesouros, e em que não apenas a profissão do educador se torna banal e mecânica, como com fulminante contemporaneidade emergem todas as velhas imagens sobre a infância, com sua pobreza de atribuições de instruções sobre como conquistar, por meio da sabedoria adulta, a imperfeição original da infância.

Portanto, o estranhamento não só produz vida no trabalho docente e, nesse caso, na pesquisa, como também provoca uma surpresa, que "[...] acontece quando a criança se dá conta de que é autora e protagonista da sua própria aprendizagem" (MALAGUZZI *apud* HOYUELOS, 2006 p. 123). Sclavi (2006, p. 184) aponta sete regras da arte de escutar, entre as quais chama a atenção para que "[...] não tenha pressa em chegar a conclusões. As conclusões são a parte mais efêmera das análises de um problema". Com isso, convém dizer que a escuta está sempre atenta à dimensão processual, colocando-nos como exploradores de mundos possíveis.

Esse ciclo de escuta do inesperado, da surpresa e do estranhamento complexifica a dimensão da observação que a abordagem da documentação pedagógica trabalha. Esse difícil exercício de desapego ao certo e concreto parece fazer

---

[38] Estética, para Malaguzzi, segundo Cabanellas (2007 *apud* Hoyuelos, 2004, p. 179) refere que "[...] devemos entender como uma capacidade da pessoa de entrar em ressonância com o mundo, de maneira que na forma de conhecer, supõem incluir o gosto pelo belo, pelo maravilhoso, entendido como experiência, e não como adorno vazio".

parte desse estatuto pedagógico, pois "[...] trabalhar com as crianças quer dizer ter que trabalhar com poucas certezas e muitas incertezas. O que nos salva é buscar e não perder a linguagem da maravilha que perdura, em troca, nos olhos e na mente das crianças" (MALAGUZZI, 1995 *apud* HOYUELOS, 2006 p. 122).

Das certezas e incertezas encontradas, para Malaguzzi, espantar-se com o mundo é algo fundamental para o crescimento da criança. É isso que nos move em busca de novos conhecimentos, um espanto estético, pois implica uma emoção que nos impulsiona a compreender e significar tudo o que vemos, sentimos, tocamos ou reconhecemos.

Importa aqui sublinhar como a forma que nos inserimos em um campo para observar e refletir diz sobre como produziremos os sentidos sobre aquilo que é observado. Nessa linha, compartilho e apresento o *locus* da pesquisa, que, na verdade, deu-se antes mesmo que este livro surgisse nos planos da minha vida.

Contextos de vida coletiva pesquisados

Em 2008, conheci a escola que se situa na cidade de Veranópolis, vizinha de onde eu morava, em Bento Gonçalves. Tinha sido convidado para realizar uma formação sobre cotidiano na educação infantil. A partir dessa formação, estabeleci um contato de proximidade e interlocução com a escola e, durante três anos, coordenei os estudos da formação continuada da educação infantil da instituição. Depois disso, me mudei para Porto Alegre e, desde então, sou um colaborador para reflexões e trocas sobre a educação infantil.

A instituição, que nasceu do interesse de pais em construir um espaço e uma proposta de educação diferenciada, hoje é uma escola comunitária, filantrópica, do berçário até o ensino médio.[39] No entanto, minha relação sempre se deu com as professoras e as crianças da educação infantil, salvo alguns momentos em que fiz falas sobre como pensamos o trabalho pedagógico com as crianças para as demais etapas da educação, no sentido de compartilhar nosso trabalho e inspirá-las a pensar no delas.

Essa escola, que tem quase 25 anos, funciona nas instalações de um antigo seminário religioso que foi desativado. Atualmente, além dessa escola, o local abriga o polo de uma universidade da região, a rádio da cidade e, ainda, a residência dos padres e uma pequena escola estadual do Movimento dos Trabalhadores Rurais Sem Terra (MST).

Na verdade, a escola só se tornou "lugar da pesquisa" quando, em meio a inúmeras conversas que tive com a amiga e companheira Marita, contei a ela sobre sonhos, desejos e trabalhos que já havia realizado e anunciei sobre o trabalho iniciado naquela escola. Contei que, agora distante, colaborava "alimentando-a" teoricamente. Marita, insistentemente, sinalizava que ali estava o que eu precisava para construir um estudo e deveria aproveitar esse campo fértil para o projeto deste estudo. Aderi à ideia e fiz a escolha por essa escola e, consequentemente, pela professora e pelo grupo de bebês que estariam chegando no ano em que a pesquisa de campo aconteceria.

---

[39] A escola, na verdade, passou a integrar o ensino médio a partir de 2013, até então funcionava somente até o último ano do ensino fundamental.

De início, convém dizer que as razões da escolha também atravessam posições que assumo na condição de produção de uma pesquisa, pois, ao entrar no mestrado, optei: (i) por poder compartilhar e produzir uma pesquisa que tratasse de uma reflexão e de uma potência para o trabalho com crianças, e não uma denúncia.[40] Isso se deu pelos três anos em que atuei com os estudos da escola e, também, pela relação que, desde então, tenho, bem como por ter as professoras como companheiras de diálogos sobre o que é produzir uma Pedagogia direcionada à educação infantil, o que se tornou a potência para a produção deste estudo. Também, (ii) pela disponibilidade para pensar e produzir a pesquisa enquanto espaço de reflexão-ação sobre a docência, que encontraria tanto na escola quanto na professora e sua auxiliar, uma vez que, conforme dito, o adulto é um parceiro fundante para o trabalho que se quer investigar: a ação dos bebês. Mas existem outros dois motivos importantes, (iii) pelo fato de essa mesma professora ter o hábito de registrar, com fotografias e vídeos, o cotidiano das crianças e (iv) pelo fato de o grupo de bebês ser reduzido, composto por nove integrantes, o que possibilitaria dar significado e atenção de forma mais individual.

Nesse sentido, a reivindicação que faço aos cursos de pós-graduação de modo geral é para que atuem em um diálogo com a escola, que busquem e devolvam horizontes a serem pensados. Dizer que a escola e a educação não estão bem não é mais suficiente, precisamos descobrir e instrumentalizar os profissionais da educação para atuarem no cotidiano desses ambientes educacionais. Ninguém está sugerindo que sejam feitos livros de receitas para os professores e as escolas, não defendo uma posição utilitarista da pós-graduação, mas não concordo que a escola, como *campus* e *locus* de pesquisa, seja utilizada e analisada como lugar onde apenas ocorrem práticas equivocadas.

Então, voltando à escola de modo concreto, aquela que me acolheu para o desenvolvimento deste estudo, creio ser importante compartilhar dados sobre a sua infraestrutura, pois, nesse caso, além de ser um aspecto importante naquilo que se pretende estudar, também tem certas peculiaridades.

O primeiro andar, local que abriga a educação infantil, é divido em oito salas (uma para cada nível/grupo de crianças): um pequeno refeitório para os níveis 1 e 2, além de uma "sala de soninho", também para esses dois níveis. Ademais, possui um grande corredor, que une todas as salas, e um banheiro amplo (com diversas divisórias) para uso coletivo. Uma pequena sala, onde fica a supervisora, e a entrada da escola, ou seja, por onde todas as crianças e os alunos das outras etapas entram e saem da escola. Além disso, dispõe de espaços de uso comum, como o pátio externo, que é amplo, arborizado, com praças e quadra; um salão de atos (antes, funcionava a igreja nesse local); e uma brinquedoteca que, durante e em virtude da pesquisa, foi dividida e uma parte transformada em ateliê (antes, o coreto da igreja). Na turma dos bebês, a sala-referência é bastante limitada, no entanto, conforme o próprio nome já indica, a professora a utiliza como um lugar de "passagem", e não de perma-

---

[40] Obviamente, se o campo desta pesquisa se convertesse em uma denúncia por razões que fossem presenciadas e vividas durante essa etapa, assim seria constituída a pesquisa.

nência. A referida professora tem como prática utilizar outros espaços com os bebês, desbravar novos lugares.

Durante todo o percurso da pesquisa, vivi um "sofrimento metodológico", pois sempre tive claro que os bebês eram foco de minha investigação e que foi para eles que produzi esta pesquisa. Mas, também, sempre soube que o adulto, que acompanha o grupo, não é neutro e é fator fundamental do percurso. Ele poderá permitir ou não que as "ações dos bebês nos espaços vazios" que procuro possam acontecer. Ainda, em alguma medida, também é para os professores que escrevo e endereço esta pesquisa, imaginando e desejando poder contribuir com as reflexões sobre como sua prática pedagógica em berçários se constitui.

Por isso, resolvi encarar o risco de assumir que a professora também faz parte dos sujeitos da minha pesquisa. Não estou observando diretamente sua prática, mas tenho claro que ela influencia minha investigação. Assim, trago a professora para um diálogo, adotando a metodologia que advém da abordagem da documentação pedagógica, que contempla os momentos de contrastes, ou seja, que acolhe diferentes pontos de vista. Assim, torno a docente uma companheira.

Os meus companheiros de pesquisa: os bebês e sua professora

Neide é formada em pedagogia. Conheci-a quando era auxiliar de uma professora na escola e acompanhei seu percurso até se tornar professora referência do nível 1. Ela tem um desejo muito grande em descobrir como se faz a docência com bebês. Esse desejo foi evidenciado no percorrer dos encontros, especialmente nos momentos dos contrastes que, juntos, dialogávamos e falávamos sobre os bebês e sobre as pedagogias.

Ela gosta muito de fotografar, e seu olhar apurado e sensível registra fotos belíssimas, mas não gosta de escrever. Quando a convidei para relatar seu cotidiano com os bebês em um caderno, que chamamos de "Fatos & Reflexões", percebi a economia de sua escrita. Ela me disse: "Não tenho o costume de escrever", porém, as reflexões que ela percebia emergir da escrita fizeram com que seu caderno fosse sendo preenchido cada vez com textos mais longos, mais sensíveis e com detalhes interessantes sobre os bebês, sobre as experiências deles e sobre sua prática.

A auxiliar, Cristine, é uma jovem estudante do curso de Licenciatura em Letras, fez magistério e tem sua primeira experiência com um grupo de crianças. Ela acompanha e compartilha o trabalho com os bebês, auxiliando a professora nos diversos momentos do dia a dia. As duas têm uma relação muito respeitosa com as crianças, bem como entre elas, e fazem da pauta de suas conversas debates sobre como conduzir o cotidiano da escola naquela turma. Com relação aos protagonistas da pesquisa, durante 21 dias, distribuídos em 11 semanas, passei tardes inteiras junto a nove bebês, uma professora e sua auxiliar. Juntos, passamos por um outono e um inverno que, não há dúvidas, estarão para sempre em minha memória.

Caio

Lara Cristina

Quando cheguei à escola, conheci Caio, de 6 meses. Um bebê paciente e observador, o mais novo do grupo, que, naquela época, ficava a maior parte do tempo deitado. Com apenas 11 dias de diferença, Lara Cristina, também com 6 meses, era exatamente o oposto de Caio. A menina engatinhava e buscava explorar tudo e todos. Dona de um olhar expressivo e curioso, Lara seguidamente "cantava" com uma voz forte e em alto volume. Ela também sabia reclamar perfeitamente sobre os seus desagrados, a "canção", nesses momentos, ficava bem diferente.

Lucas

Lucas, de 8 meses, talvez seja um dos bebês mais tranquilos que já conheci. Ele foi a prova viva de que todos os conceitos que li nos estudos de Emmi Pikler, sobre a iniciativa das próprias crianças para adotar as posturas que lhe são confortáveis e, assim, produtivas para investigar e explorar o seu entorno. A postura preferida de Lucas por muito tempo era estar deitado.

João Gabriel

João Gabriel, com 9 meses, e Carlos, com 11, foram dois bebês que entraram na escola depois do começo da pesquisa. Ambos viveram um processo de adaptação muito tranquilo. João Gabriel era um bebê interessado em explorar o espaço da escola e demoradamente investigativo. Carlos me fez rir algumas vezes, pois suas expressões e caretas eram muito curiosas e engraçadas. Esse menino protagonizou uma das cenas mais produtivas que presenciei nesta pesquisa, o que configurou uma das histórias narradas que será compartilhada.

Carlos

Nesse grupo, a segunda menina que o compunha também se chama Lara, 12 meses. Embora não estivesse presente em alguns dos encontros em que estive pesquisando, presenciei momentos importantes do percurso de Lara nesse contexto. Logo que cheguei, encontrei uma criança desejosa por "pegar a palavra" para se comunicar. Nos últimos dias da pesquisa, sabia que Lara já tinha pegado muitas palavras.

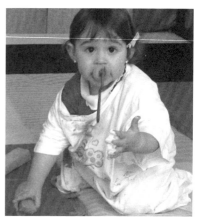
Lara

João Pedro, 12 meses, foi um bebê que começou nesse grupo, mas, no final, já estava fazendo parte do nível 2. Isso ocorreu pela observação da professora em saber que aquilo que João desejava morava ao lado. O menino, que logo caminhou, sinalizava que o seu interesse e desafio era o convívio com as crianças maiores.

Miguel, 12 meses, dividiu comigo seus primeiros passos, compartilhados neste estudo posteriormente. Além do sorriso marcante desse menino, havia outra característica que me chamava bastante a atenção, o silêncio de suas conversas. Embora fosse um dos bebês mais velhos do grupo, durante um grande período em que estive presente, interagia com seus amigos, com os adultos e com tudo ao seu redor de forma muito silenciosa, no que diz respeito a sons e balbucios, mas, "gritava" com seus olhos e expressões. No final da pesquisa, conheci a sua voz.

João Pedro

Também teve o J. A.,[41] de 14 meses, que durante boa parte da pesquisa sinalizou não desejar participar dela. Toda vez que eu utilizava minha câmera fotográfica, J. A. ia para o canto da sala

Miguel

ou reclamava não querer ser fotografado. Diferente de quando eu ficava na sala sem utilizar a câmera, ou quando a professora fotografava. Compreendi que ele não estava autorizando sua participação, e este foi o modo que achei para respeitar aquele bebê. Para além do consentimento informado que seus pais já haviam assinado, tive de encontrar formas de não invadir o espaço de

---

[41] Como ao longo do trabalho entendi que J. A. não desejava participar da pesquisa, não irei citar o nome dele, nem mesmo utilizar imagens em que apareça.

J. A. e, na medida do possível, continuar no meu campo de pesquisa, em busca das ações dos seus amigos, mas não das dele.

Dos nove, oito bebês me acolheram e compuseram o grupo de sujeitos da pesquisa. O sujeito-bebê de pesquisa que estamos tentando conhecer e descobrir mais a seu respeito é o que Loris chamava a atenção: o inédito ou a criança como portadora do inédito. Isso tem a ver com "[...] um despertar inédito, que nunca tivemos. Isso nos permite ver o mundo como jamais havíamos visto" (MALAGUZZI, 1993 *apud* HOYUELOS, 2006, p. 124).

Esses bebês conduziram o estudo, cada um de forma muito particular. No entanto, a partir das análises, acabou-se contando a história apenas das ações de alguns, especialmente escolhidas pela potência e pela representação do coletivo, também pelo fato de que, por uma razão de tempo, de quantidade e tamanho de produção, fui obrigado a fazer escolhas. Sendo assim, fiz questão de apresentá-los – todos – pois acredito que esse estudo também é parte e autoria de cada um desses bebês.

REGISTRAR NO CAMPO PARA CRIAR CULTURA PEDAGÓGICA

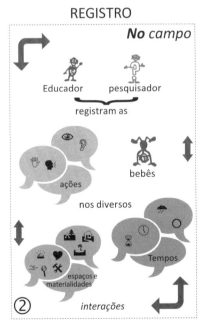

A prática de registrar acompanha a humanidade. Desde as pinturas rupestres e a escrita cuneiforme até as ciberculturas e os grafites em muros e paredes, o homem tem necessidade de registrar seus feitos ou seus pretendidos fazeres.

Registrar sobre o que pensa, sobre suas experiências, sobre a realidade da qual participa, seja por meio da escrita, do desenho, da imagem ou da escultura, é uma ação inerente ao ser humano. Enfim, é por meio dessas distintas formas de registrar e de tantas outras que a história da humanidade vai sendo reconstruída.

Nessa direção, na escola não é diferente, as distintas formas de registrar as experiências educativas também são de longa data,

> [...] o fato de registrar o que faz um menino, uma menina ou um grupo de meninos e meninas não é nada novo. São muitos os professores e professoras que, desde sempre, elaboram documentos para poder recordar, para poder mostrar, para poder informar, para poder fazer uma reunião entre companheiros e companheiras ou com as famílias. (RED TERRITORIAL DE EDUCACIÓN INFANTIL DE CATALUÑA, 2011, p. 9).

Celestin Freinet, professor primário francês, foi uma importante referência no assunto. Também foi uma forte inspiração para Malaguzzi, que, além de suas convicções sobre a criança ativa e livre em suas expressões

(FREINET, 1985), também se interessava pela forma como Freinet registrava e postulava a aprendizagem das crianças, como é o caso dos livros da vida[42] e a correspondência e imprensa escolar. Assim, embora Malaguzzi (1995b, p. 90) advertisse em seu livro a necessidade de renovação do olhar sobre a obra de Freinet,

> [...] a escola tradicional – dizia Freinet – obriga a beber água o cavalo que não tem sede. Nós provocaremos sede no cavalo. Estamos em parte de acordo com Freinet porque pensamos que o cavalo (a criança) nasce (também) com sede e deve com suas próprias forças encontrar a fonte. A nós, nos corresponde não deixar morrer de sede e dar a mão ao cavalo (a criança) para ajudar-lhe se essas fontes estão ocultas ou muito distantes.

Malaguzzi (1995b) parece querer chamar a atenção para uma relação potente marcada pelo acompanhamento e companheirismo que adulto e criança assumem nessa prática pedagógica, na qual a tênue linha que separa essa relação é bastante perigosa, devendo, com isso, ter cuidado para não cair no abandono ou no excesso de intervenção.[43]

Sobretudo, no tópico da abordagem da documentação pedagógica, essa relação potente – e, portanto, do cuidado para não abandonar e nem intervir demasiadamente – é construída no cotidiano por meio da observação, do registro e da reflexão sobre as experiências dos meninos e das meninas. Ademais, torna-se uma espécie de atualização para o adulto sobre a criança, e também, ao registrar experiências, o professor está permitindo que a criança tome conhecimento de si e de suas atuações.

> A documentação nos diz algo sobre como construímos a criança, assim como nós mesmos como pedagogos. Por isso, nos permite enxergar como nós mesmos entendemos e "interpretamos" o que está acontecendo na prática; partindo daí, é mais fácil perceber que as nossas próprias descrições como pedagogos são descrições construídas. Por isso, elas se tornam passíveis de pesquisa e abertas à discussão e à mudança – o que significa que, através da documentação, podemos perceber como nos relacionamos com a criança de outra maneira. (DAHLBERG; MOSS; PENCE, 2003, p. 193).

---

[42] O "livro da vida" era um dos instrumentos utilizados por Freinet de registro sistemático sobre os acontecimentos do cotidiano das crianças na escola. Ele era produzido pelas crianças em cada turma da escola.

[43] Rinaldi (2012, p. 105-106) chama a atenção de que, para Malaguzzi, o papel do educador é como "O fio de Ariadne [...] era o título que Malaguzzi queria dar ao livro *As cem linguagens da criança* (EDWARDS; GANDINI; FORMAN, 1999). [...] O fio de Ariadne é uma metáfora do grandioso e fundamental papel desempenhado pelo professor [...]". Conforme Rinaldi (2012, p. 105), "[...] na mitologia clássica, Ariadne, filha do rei Minos de Creta, deu para Teseu um fio que lhe permitiu matar o Minotauro (meio homem, meio touro, a quem os atenienses eram sacrificados todos os anos) e achar o caminho de volta no labirinto em que o Minotauro vivia". Por isso, é que para Malaguzzi a metáfora citada representava tão bem o papel do professor, já que "[...] os professores são vistos como aqueles que têm o fio, que constroem e constituem os entrelaçamentos e as conexões, a rede de relacionamentos, para transformá-los em experiências significantes de interação e comunicação" (RINALDI, 2012, p. 106).

Malaguzzi amplia as ideias de Freinet e faz do registro *do* e *no* cotidiano da escola uma forma de escutar as distintas potencialidades das crianças. Além disso, o registro deixa de ser apenas um elemento da memória pedagógica produzida e passa a ser também um poderoso instrumento formativo e político da escola infantil.

No Brasil, por exemplo, alguns autores já se ocuparam desse tema, como Madalena Freire, Cecília Warschauer e Luciana Ostetto. A primeira, "a mãe de todas", é citada e indicada como importante referência para as outras duas autoras e, particularmente, marca minha história com a educação infantil, pois ao descobri-la, em meio à biblioteca da escola do magistério, fazer a docência junto com as crianças do jardim tornou-se algo completamente diferente. A forma como a autora descrevia o cotidiano me convocava a pensar e problematizar sobre a imagem de ser professor das crianças que eu tinha na época.

Em um livro muito difundido na década de 1980, *A paixão de conhecer o mundo*, Madalena Freire publica relatórios de sua prática como professora entre 1978 a 1981, período em que esteve envolvida na Escola Criarte e na Escola da Vila, em São Paulo, narrando sobre seu encontro com o conhecimento e com as crianças, mas, também, com a incessante vontade de constituir diferentes modos de ser professora.

> Comecei a viver desde aí o processo educativo como um todo, inquieto, curioso, vital e apaixonado. É que, se a *prática educativa* tem a criança como um de seus sujeitos, construindo seu processo de conhecimento, não há dicotomia entre o *cognitivo* e o *afetivo*, e sim uma relação dinâmica, prazerosa de conhecer o mundo. (FREIRE, 1983, p. 15, grifo do autor).

Freire (1983) compartilha com o leitor, em uma narrativa apaixonada e apaixonante, a prática junto com crianças. Do mesmo modo, ela registra reflexões que emergiram da sua prática e do registro, de tal forma que aquele que lê, ao acompanhar a trajetória escrita, é, da mesma forma, convidado a refletir e problematizar os aspectos levantados pela autora.

Além do referido livro, a autora, em parceria com outros nomes, escreveu *Observação, registro e reflexão: instrumentos metodológicos I*, em que discute os temas anunciados no título como instrumentos para um professor reflexivo. Nessa obra, a autora ressalta a importância do registro na formação de professores como uma forma de "deixarmos marcas no mundo", reforçando a ideia de que por meio da escrita é possível produzir história e memória de processos educativos (FREIRE et al., 1996, p. 41).

Cecília Warschauer tem, em seu currículo, pelo menos três anos de participação em cursos de formação, ministrados por Madalena Freire. Warschauer defendeu sua dissertação e sua tese com dois termos cunhados por Madalena Freire, a roda e o registro, ambos utilizados por ela como tópicos para reflexão e produção de conhecimento, junto com crianças do ensino fundamental e na gestão e formação de professores.

A roda e o registro: uma parceria entre professores, alunos e conhecimentos traz as anotações de um diário da própria experiência de Warschauer (1993) como professora no final da década 1980. Tal diário resulta em uma dissertação – e posteriormente em um livro – que, atravessada pela psicologia de Jung, compartilha seu intento pelo diálogo e pela memória produzidos nos espaços educativos.

Ostetto (2008), que também revela ter sido fisgada pelo tema do registro, por meio do contato com a obra de Madalena Freire, publica o livro *Encontros e encantamentos na educação infantil: partilhando experiências de estágio*, no início do ano 2000, como resultado "[...] que começa a partir da história de um grupo, que começa a partir de um encontro na universidade: professora, estagiárias e o desejo de pensar e fazer educação infantil com qualidade e competência" (OSTETTO, 2000, p. 9).

A obra reúne artigos que narram histórias das alunas das disciplinas de Didática e Prática de Ensino da Pré-escola, no espaço do estágio curricular do curso de Pedagogia da Universidade Federal de Santa Catarina (UFSC). Os textos revelam um aspecto grandioso da prática registrada: a reflexão. As alunas que, entre 1995 e 1997, realizaram seus estágios em creches e pré-escolas públicas daquele estado anunciam importantes temas e importantes questões refletidas acerca do trabalho pedagógico com crianças pequenas.

O livro, conforme o próprio nome proclama, é um lindo exercício de encantamento, nascido do encontro com a educação infantil e do desejo de fazê-la com qualidade. Como a própria escritora convida, "[...] registrar é deixar marcas, tecer memórias, fazer história. É também a possibilidade de compartilhar descobertas, práticas e reflexões com outros educadores" (OSTETTO, 2008, p. 8).

Dessa mesma autora, *Deixando marcas: a prática do registro do cotidiano da educação infantil* (OSTETTO; OLIVEIRA; MESSINA, 2001) e *Educação infantil: saberes e fazeres da formação de professores* (OSTETTO, 2008) compilam novamente reflexões sobre o registrar e o significar as experiências de professores e professoras nos contextos da educação infantil. Conforme a autora destaca,

> [...] abrindo-nos ao diálogo é que podemos tecer conversas sobre a multiplicidade de fazeres e saberes que emergem do dia a dia da creche e fundamentam as relações entre crianças, adultos e conhecimento. Mais que "falar sobre", "estar com" aqueles que cotidianamente fazem a educação infantil acontecer, essa aproximação é sobremaneira conquistada com as práticas de estágio supervisionado, quando as alunas estagiárias vão ao encontro de tempos e espaços múltiplos na educação infantil, percorrendo um universo de possibilidades para a sua formação. (OSTETTO, 2008, p. 7).

As discussões sobre os registros desenvolvidos pelas autoras, Freire (1983, 1996), Wauschauer (1993) e Ostetto (2000, 2001, 2008), aparecem no cenário educacional brasileiro como importantes referências. Acredito que isso ocorra pelo argumento delas em vincular o tema (i) à ideia de reflexão e formação do professor, sublinhando um sentido autoral no educador e responsável pelo seu processo formativo, mas, também, (ii) à constante relação entre teoria e prática, marca importante da pedagogia, atravessada nos registros e reflexões das autoras, o que, de certa maneira, de antemão, indicam uma relação coerente sobre o cenário proposto ao diálogo.

Em uma linha semelhante, ainda é possível encontrar outros livros e autores que se ocuparam do compartilhamento de experiências e reflexões, frutos do cotidiano de creches e pré-escolas, como é o caso das obras: *Os fazeres na educação infantil*, organizada por Rossetti-Ferreira et al. (1998), e *O dia a dia das creches e pré-escolas: crônicas brasileiras*, organizada por Mello et al. (2010). Ambos os livros reúnem textos de professores e colaboradores das creches da Universidade de São Paulo (USP), em especial o caso do primeiro livro, da creche da Carochinha, resultado de reflexões e dos registros produzidos no interior daquelas escolas. No entanto, os livros não desenvolvem o tema do registro e da reflexão, apenas apresentam o resultado da prática com que se ocupam.

Do meu ponto de vista, esse conhecimento acumulado até hoje no Brasil é a promoção de uma memória individual e coletiva sobre as crianças, a docência e a escola de educação infantil. Nesse sentido,

> [...] significa primeiramente, deixar memória histórica, não perder o sentido das coisas feitas, guardar memórias, afirmar momentos particulares da vida cotidiana, criar um arquivo de modo que seja possível encontrar as numerosas experiências vividas, mesmo aquelas distantes no tempo e perpetuar a continuidade educativa. (TOMASELLI; ZOCCHI, 2009, p. 26).

Todo esse exercício que já temos, em alguma medida, praticado nos interiores das escolas, torna-se a chave para pensar o que e como registrar na pesquisa em que escolhi me aventurar. Busco inspiração em Hoyuelos, na oportunidade em que o acompanhei em Pamplona, quando me disse algo que traduz reflexões que me atravessaram depois dos primeiros dias da pesquisa no campo:

> Documentar é como ir pescar. Precisa de paciência e silêncio. Às vezes tem peixe, às vezes não, às vezes tem muitos. O que o "pescador" faz é estar presente, e quando pode, pesca. E isso é diferente de caçar. O caçador atira sempre que suspeita ter visto algo, às vezes acerta e às vezes não, mas ele continua "disparando" tiros. (FOCHI, 2012a).

Depois dos primeiros três dias de ida a campo, nos quais apenas fiquei junto com os bebês, com a professora e sua auxiliar, realizando a minha inserção para "[...] conseguir permissão para estudar aquilo que se quer estudar, ter acesso às pessoas que se quer observar [...]" (BECKER, 1997, p. 34), decidi retornar a campo munido da máquina fotográfica. Seria, então, o primeiro dia de registro fotográfico.

Cheguei ao campo como um "caçador". Tudo era motivo para eu fotografar incansavelmente até a metade da primeira tarde. Enquanto os bebês dormiam, olhando as fotos já feitas, fui acometido por certo "desespero". Percebia que algo não estava bem. As perguntas sobre o que e como fazer eram inúmeras, mas nenhuma delas se comparava à dúvida – do que e do como – misturada por certo medo – por ser principiante – que pairava sobre aquele momento.

Decidi, então, voltar apenas a observar os bebês no resto daquela tarde e, nesse exercício calmo e silencioso, fui descobrindo um "tom" diferente para minha presença, percebendo que precisava "dar um tempo". Foi uma tomada de "[...] consciência do como apressamos os bebês e que em cada momento [os bebês] precisam de um mundo para construir sua identidade" (CABANELLAS et al., 2007, p. 35).

> Dar tempo para as crianças sem antecipações desnecessárias significa esperá-las onde se encontram em sua forma de aprender. Existe um verbo em castelhano [e em português também], talvez já em desuso [para nós também], que define bem este assunto: aguardar. Aguardar significa esperar com esperança alguém; dar tempo ou esperar alguém enquanto observa que faz, com respeito, apreço ou estima. (HOYUELOS, 2007, p. 13).

Por sorte, logo nos primeiros dias, fui percebendo que constituir uma pesquisa com bebês é, sem dúvida, adotar uma postura do "aguardar", e essa percepção foi-me acalmando e situando um lugar para mim, um adulto diferente, que não é neutro e não é professor daquele grupo de crianças e que também divide o espaço com outros dois adultos (a professora e sua auxiliar).

Assim, optei por pescar. Assumir o risco da imprevisibilidade[44] – como a própria etimologia diz, do "não visto antes" – e aguardar as ações das crianças como quem aguarda um peixe para ser pescado. Porém, nesse caso, peixes que não conheço, não sei o tamanho e que, provavelmente, muitos não percebia. A citação que Hoyuelos (2007, p. 13) faz de Laín Entralgo,[45] "[...] tem a ver com o otimismo de ver a infância como quem espera tudo sem esperar nada", muito diz sobre a sutileza que um pesquisador que opta por mergulhar nesse campo – o dos bebês em contextos de vida coletiva – deve exercitar. "A exigência de documentar se faz quando se tem plena consciência do valor e do significado do que se faz e se percebe a necessidade de compartilhar e deixar testemunho" (CHIAPPINI, 2006, p. 10 *apud* TOMASELLI, ZOCCHI, 2009, p. 26-27).

No caminho que fui traçando pela primeira vez como pesquisador, fui tateando e descobrindo esse que é um dos momentos mais potentes da pesquisa: o ingresso no campo. Nesse sentido, foi necessário fazer algumas escolhas que acompanharam não só os dias que efetivamente me encontrava junto ao campo como os demais, em que, como um exercício de pré-análise, ia-me certificando e arranjando novos instrumentos e modos de registrar as ações dos bebês.

A escolha da fotografia como ferramenta para documentar os bebês nos contextos de vida coletiva não foi por acaso. Ao adotar a abordagem da documentação pedagógica como metodologia de pesquisa, refletir sobre as questões técnicas era de extrema importância e, considerando que o resultado para o qual eu estava documentando se tratava de um registro impresso, a fotografia demonstrou ser a melhor escolha, visto que não teria de passar por uma nova decodificação até seu produto final.

---

[44] "Imprevisível" vem da união do prefixo de negação, IN, e dos radicais do latim, PRAE – antes e VEDERE – ver.

[45] Para Laín Entralgo (1962), crer, esperar e amar são as três atividades psico-orgânicas que temos para possuir humanamente a realidade.

> Sobre o que documentar – fotograficamente – Malaguzzi nos dá algumas pistas: o grande valor da experiência, de atuar, de pensar, da investigação e de aprender das crianças. Como se apropriam do novo, do cognitivo, como organizam sua curiosidade, como constroem sentimentos, seus pontos de vista, como colocam a prova suas energias, sua vitalidade, como satisfazem seus desejos, necessidades, como estabelecem relações e intercâmbios, como chegam a interpretar o mundo dos coetâneos, dos adultos e das coisas. A documentação fotográfica pode revelar todas essas questões através dos rostos, dos olhos, da boca, dos gestos, das posturas, dos pequenos sinais que são as espias dos sentimentos, das tensões, dos esforços, do prazer, do desejo, das expectativas. (HOYUELOS, 2006, p. 200).

As documentações que Malaguzzi realizou ou coordenou demonstram bem o quanto as imagens podem levar a cabo a tomada de conhecimento do adulto sobre as crianças. Além disso, ajudam a dar visibilidade para as "cem formas" (MALAGUZZI, 1999a, 1999b) como as crianças se relacionam com o mundo.

> Certamente, as imagens descrevem os fatos e as situações, mas nós também aconselhamos prestar atenção aos rostos, aos olhos, à boca, aos gestos, às posturas e aos sinais esboçados pelas crianças, que são as grandes "espias" dos sentimentos e das tensões que os animam interiormente, e que qualificam – do modo mais natural – seus níveis de participação, de esforço, de prazer, de desejo e de espera emergente nas experiências do ato de aprender. (MALAGUZZI, 1977 *apud* HOYUELOS, 2006, p. 200).

Nesse campo, as expressões, muitas vezes sutis, que os bebês fazem são pontos importantes para serem observados. Por isso, embora não seja esse o foco de minha discussão, registro a importância de que, nas teses e dissertações, o uso da imagem tem, não para comprovar a ida do pesquisador a campo, mas para compor uma narrativa, textual e visual, que auxilia a compreender os estudos que são realizados, nesse caso, acerca dos bebês e das crianças pequenas.

Sobre o aspecto do registro com fotografia, houve alguns momentos em que me questionei se não deveria utilizar filmagens, pois uma das preocupações que me rondava era não ter dados (imagens) suficientes para levar a cabo as análises posteriormente. Para não correr o risco, resolvi experimentar a filmagem em uma sessão do Cesto de tesouros,[46] pois essa atividade geralmente acontece de forma mais concentrada em um mesmo espaço e, por isso, parecia-me mais favorável para que me adaptasse tecnicamente com uso da filmagem.

Inicialmente, fiquei com a câmera na mão e fui filmando continuamente a sessão. Testei o *zoom* para tentar capturar os detalhes que as crianças estavam realizando em suas atuações. Passados 15 minutos, me incomodava e me desinteressava assistir à sessão por meio do visor da câmera. Percebia que meu estado de atenção era profundamente alterado.

---

[46] Atividade criada por Goldschimied e Jackson (2007) destinada a bebês que ainda não caminham para explorar e descobrir as propriedades de materiais do uso cotidiano.

Optei, então, por deixar a filmadora em um tripé e, com outra câmera, ir realizando pequenos vídeos. Ao terminar a sessão, como de costume, fui descarregar a câmera para organizar previamente o material. Em todos os outros dias, conforme terminavam os encontros, eu me sentava para organizar os dados: separava as fotos por cenas em pastas, nomeando por ordem de acontecimentos e compartimentadas em pastas por dia, que chamava de "sessão". Ainda apagava as fotos repetidas ou que tivessem algum problema técnico (borrões, tremidos, etc.).

Aproveitava para registrar algumas notas prévias a respeito dos episódios, acrescentando ao meu caderno de campo (Fatos & Reflexões – pesquisador) impressões que tinha sobre o material gerado. Isso, de certa forma, garantia que a preparação, a execução e a reflexão do campo ocorressem de forma conjunta, articulada e, sem dúvidas, me colocava em um estado de atenção intenso.

Além disso, por ir compreendendo que as imagens também compõem uma forma de narrar, portanto, o enquadramento, os planos (detalhe, panorâmico), a iluminação e as sequências fotográficas influenciavam aquilo que eu pretendia contar. Conseguia resolver durante a própria documentação esses aspectos, permitindo maior autonomia para a realização da tarefa.

Na organização dos dados da sessão filmada, descarreguei o material documentado e comecei a fazer a organização inicial. No entanto, esse tipo de dado envolve um processo diferente, ou seja, implica a decupagem de todos os vídeos para transformá-los em material impresso, ou mesmo construir a narrativa audiovisual.

O fluxo de material produzido em uma filmagem que, posteriormente, converte-se em imagens é muito grande, e estas, geralmente, ficam com baixa qualidade. Seria diferente, se a finalidade da pesquisa fosse a montagem de um vídeo ou da análise microgenética. No entanto, não era o caso da metodologia escolhida.

Por isso, decidi ficar apenas com a fotografia e utilizar o recurso das fotos sequenciadas de que a câmera que utilizei dispõe, bem como com os demais recursos fotográficos, para poder capturar minuciosamente os detalhes das ações dos bebês, comunicando, por meio da imagem e da escrita, as experiências que aqueles meninos e meninas vivem em contextos de vida coletiva, compreensíveis e de conhecimento dos outros.

> Quanto mais capazes formos de narrar o processo, mais os outros poderão compreender o valor e o sentido do nosso trabalho, todas as etapas e sentidos dos caminhos percorridos. A documentação é um instrumento que ajuda a acolher aqueles que fazem parte de um contexto a dar visibilidade, a desenvolver um processo de circulação do conhecimento. (TOMASELLI, ZOCCHI, 2009, p. 27).

De posse do instrumento escolhido, mesmo assim, algumas dúvidas continuavam a pairar sobre o processo de documentar. Se já tinha claro o tempo que isso implicava – um tempo de espera que, muitas vezes, me deixa-

va pensando no que me ater, a imersão no campo, talvez pela intensidade com que se deu, me preparava para voos longos. Em diversos momentos, voltava para meus escritos iniciais do projeto de qualificação, para as anotações e registros do caderno de campo, para tentar decidir sobre o que registrar a respeito das "ações dos bebês, nos espaços vazios, na emergência de suas experiências".

A pergunta deste livro me enveredava a estar atento às ações do cotidiano: aos projetos e brincadeiras individuais dos bebês (como foi o caso do Carlos), aos projetos e brincadeiras em pequenos e grandes grupos, às atividades pessoais, aos usos dos diferentes espaços e materiais, às relações entre as crianças (como foi a conversa entre Caio e Lara Cristina) e às conquistas pessoais (como foi o caso do Miguel).

Com o foco voltado a essas questões, as perguntas iniciais também se desdobravam em outras: como a criança observa? Como ela busca novas oportunidades de conhecer e descobrir? O que faz nessas ocasiões? Como se organizam suas experiências de vida e seu imaginário coletivo? De tudo isso, sabe-se que muito não pode ser registrado, que a rapidez e a efemeridade dos acontecimentos em uma sala de bebês são tamanhas e que, muitas vezes, nos escapam.

Outras vezes, em nome de garantir a segurança das crianças, deixamos de lado a possibilidade do registro para acolhê-las ou guardamos nossos instrumentos por considerarmos que, naquele momento, poderiam estar sendo inconvenientes ou desagradando os sujeitos-bebês. Por exemplo, quando os bebês, por ventura, desejavam saber sobre o que estava fazendo, como foi o caso de Miguel, quando "conversou" comigo sobre as fotos que eu estava capturando.[47]

Por fim, trago as palavras de Rinaldi (2012, p. 134), que, de certa forma, sintetizam esse segundo elemento da tríade da abordagem

---

[47] Esses registros foram realizados pela professora-referência da turma e compartilhados comigo em um dos momentos de contrastes.

e da metodologia: "[...] a documentação é esse processo: dialético, baseado em laços afetivos, e também poético; não apenas acompanha o processo de construção do conhecimento como, em certo sentido, o fecunda".

CONTRASTAR OS DADOS DO CAMPO: A *PROGETTAZIONE*

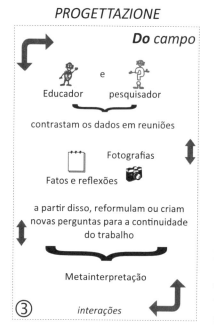

Para poder explicar e desenvolver esse tema sem cair no risco de fazer comparações rápidas com os vocabulários que já temos em nosso repertório, é preciso trazer alguns elementos iniciais que irão auxiliar na construção dessa ideia. A abordagem da documentação pedagógica é, ao mesmo tempo, processo e conteúdo. O conteúdo, que se refere ao "[...] material que registra o que as crianças estão dizendo e fazendo, é o trabalho das crianças e a maneira com que o pedagogo se relaciona com elas e com o seu trabalho" (DAHLBERG; MOSS; PENCE, 2003, p. 194). Assim, esse conteúdo pode ser sonoro ou visual e coletado de diversas formas. Para tanto, a eleição dos instrumentos que serão utilizados para documentar a pesquisa é de suma importância.

Conforme referido, os instrumentos que são escolhidos para registrar as ações das crianças não têm um papel secundário, pelo contrário, devem ser refletidos e adotados de acordo com o que se quer registrar e com a finalidade do registro, "[...] pois será o conjunto de instrumentos de documentação que oferecerão uma perspectiva de toda a experiência dos meninos e meninas na escola" (RED TERRITORIAL DE EDUCACIÓN INFANTIL DE CATALUÑA, 2011, p. 9).

Já o processo da abordagem da documentação pedagógica "[...] envolve o uso desse material como um meio para refletir sobre o trabalho pedagógico e fazê-lo de uma maneira muito rigorosa, metódica e democrática" (DAHLBERG; MOSS; PENCE, 2003, p. 194). Em outros termos, o conteúdo gerado é multifuncional, tanto é utilizado para tornar visíveis as experiências das crianças, para comunicar, quanto para o professor utilizá-lo como meio de reflexão e valoração sobre o trabalho que é realizado.

> Como a documentação pode ser guardada e reexaminada, devendo ser encarada o tempo todo como um registro vivo da prática pedagógica, o processo de documentação também pode funcionar como uma maneira de revisitar e rever experiências e eventos anteriores; desse modo, não apenas cria memórias, mas também novas interpretações e reconstruções do que aconteceu no passado. (DAHLBERG; MOSS; PENCE, 2003, p. 201).

O que quero dizer com essa breve introdução sobre o tópico em questão é que a natureza dessa abordagem implica uma dimensão processual que gera o conteúdo e também se utiliza do conteúdo para sua própria continuidade. É nesse sentido que opto por manter o termo *progettazione*, por não encontrar na língua portuguesa equivalência no significado da palavra, uma vez que:

> O emprego da forma substantiva *progettazione* [...] é utilizado em oposição a *programmazione* que implica currículos, programas, estágios e outros aspectos pré-definidos. O conceito de *progettazione* representa, assim, uma abordagem mais global e flexível, na qual as hipóteses iniciais são elaboradas acerca do trabalho em sala [...] e estão sujeitas a modificações e alterações de rumo no curso do processo de andamento do trabalho. (RINALDI, 2012, p. 12-13, grifo do autor).

Na tradição didática, a ideia da continuidade do trabalho educativo sempre esteve ancorada em programas e planejamentos prévios e, embora muitas vezes anunciados como flexíveis, existe um, *a priori*, já anunciado e estabelecido sobre o que, quando e como deve acontecer. Fortunati (2009, p. 37) vai chamar de "[...] musculosos projetos de definição das prescritivas orientações educacionais" e são tão fortes que é muito difícil conseguir pensar uma escola que trabalhe de forma diferente, conforme já discutido no primeiro capítulo.

Igualmente, os vocábulos que acompanham o trabalho pedagógico também configuram modos de pensar e de fazer. Algumas tentativas de tradução de termos do inglês, como *progettazione*, resultaram em termos como "currículo emergente", "currículo projetado" ou "currículo integrado". No entanto, conforme Rinaldi (2012, p. 13, grifo do autor), esses termos, na forma traduzida, "[...] são inapropriados, originários de métodos e modos de trabalhar desenvolvidos e utilizados em outros lugares; seu emprego torna invisível a especificidade de Reggio, assim, decidimos manter a palavra italiana *progettazione*".

O que a autora destaca trata-se de uma posição política a respeito do desejo de pensar uma educação para as crianças pequenas de uma forma distinta, sem adequações e reutilizações dos velhos e rígidos termos que a educação traz em sua história. Pensar em palavras que nomeiam as práticas da educação infantil é tarefa difícil e não significa simplesmente mudar o nome, mas, sobretudo, mudar conceitos.

Malaguzzi (*apud* RINALDI, 2012, p. 107-108, grifo do autor) registra que

> Talvez não estejamos totalmente cientes do significado de *progettare*, mas podemos ter a certeza de que, se tirarmos de uma criança a habilidade, a possibilidade e a alegria de projetar e explorar, essa criança vai morrer. A criança morre se tirarmos dela a alegria de perguntar, de examinar e de explorar. Ela morre se não perceber que o adulto está suficientemente próximo para ver quanta força, quanta energia, quanta inteligência, inventividade, capacidade e criatividade ela tem. A criança quer ser vista, observada e aplaudida.

Penso que a proposta lançada por Malaguzzi possa ser aproximada da etimologia da palavra projetar:[48] lançar de si, fazer incidir, tornar conhecido. Nesse sentido, a *progettazione* evidencia a possibilidade de as histórias das crianças adquirirem visibilidade e de se tornarem conhecidas, a partir de uma tensão que o adulto faz entre o conteúdo registrado e o processo envolvido.

A *progettazione* é também a configuração e a reconfiguração constante do trabalho pedagógico, por meio das formulações e reformulações que o adulto faz a partir da análise do que é observado e registrado. Nesse aspecto, a *progettazione* nutre perguntas ao trabalho do adulto, concentrando menos sobre onde as crianças chegaram e mais sobre o que, como e por que fazem.

As perguntas, ou melhor, as "boas" perguntas, agem como interpretações temporárias sobre algo e, nesse sentido, valendo-me da reflexão feita por Malvasi e Zoccatelli (2012, p. 11), analiso-as a partir de três pontos: (i) "como uma atitude do adulto, concebida como uma solicitação à curiosidade", que não está se perguntando para responder imediatamente, nem a partir de certezas, pelo contrário, quer investigar para abrir horizontes; (ii) "como um objeto de reflexão", pergunto-me sobre o trabalho docente, as crianças e o mundo para construir novos níveis de consciência sobre nós mesmos, os outros e o mundo; (iii) "como estratégia de pesquisa", em contraposição à ideia de conhecimento linear, a pesquisa que se propõe, por meio das "boas" perguntas, serve para alargar o pensamento no que tange ao trabalho pedagógico e como observamos e registramos as crianças.

> Por meio da documentação se revela uma escola que quer argumentar seu trabalho mais além das palavras, uma escola que pensa, que reflete, que aprende no caminho; uma escola que sabe colocar-se em discussão pública, capaz de escutar e de dialogar com democracia, construindo processos de confiança recíproca e de legitimidade pública. (HOYUELOS, 2006, p. 208).

Com tal perspectiva, surge a necessidade de um momento dedicado à reflexão do material registrado tanto na abordagem quanto na metodologia: os contrastes.

Bruner (1997, p. 166, grifo do autor) utiliza a ideia de contraste para subverter a da construção de interpretações e narrações automatizadas sobre a construção da realidade ou da tomada de consciência. Por isso, o autor vai dizer que o contraste é

> [...] escutar duas explicações contrárias, porém igualmente razoáveis do 'mesmo' acontecimento [...]. Nos leva a examinar como duas observações poderiam 'ver' suceder as mesmas coisas e sair relatos muito diferentes daquilo que aconteceu. Nos desperta.

Importa destacar que, utilizando-me da abordagem da documentação pedagógica como metodologia de pesquisa durante as idas a campo – que

---

[48] Esse nome vem do latim *projicere*, formado por *pro* – à frente, e *jacere* – lançar, atirar.

ocorriam durante dois dias consecutivos da semana – o contraste ocorria sempre no segundo dia, no turno da manhã. Religiosamente, eu e a professora nos reuníamos, ela compartilhava fotos, anotações e observações que fazia ao longo da semana, incluindo os dias que eu estava presente, e eu compartilhava as fotos e anotações que havia realizado no dia anterior e do segundo dia da outra semana.

Conversávamos sobre os assuntos que emergiam dos nossos diferentes pontos de vista, as imagens e as anotações que havíamos feito. Confrontávamos[49] nossos pontos de vista, "[...] descobrindo que uma versão narrativa da realidade se choca contra o que subsequentemente transpira ou contra as afirmações sobre a realidade de outras pessoas" (BRUNER, 1997, p. 167).

Procurava deixá-la falar primeiro e também exercitava uma postura de aguardar, para não "concluir" ou "revelar" meu ponto de vista sobre o dela. Assim, deixava que ela pudesse me indicar posturas diferentes para serem observadas e, com isso, poder contribuir com a lente da qual ela olhava para o assunto em questão. Nesse sentido, acredito que, nos momentos que elegíamos para conversas e trocas de dados, os contrastes foram fundamentais para a construção do trabalho.

Isso se deu pelas seguintes razões: (i) embora o adulto não seja o foco deste estudo, sua presença não é neutra e, no caso desse tipo de pesquisa com bebês, é fundante. Por meio do adulto, poderá ser criado um ambiente mais ou menos favorável para realizar a investigação, assim como (ii) colocá-lo em uma posição autoral, de participação sobre o processo, gera transformação não só no ambiente da pesquisa, mas também no professor, em um sentido de formação continuada. Já o pesquisador adquire novos pontos de vista e um aliado na escuta dos bebês.

Houve um dia especial em que a "surpresa" nos acometeu, o que penso ser um exemplo que ilustra os momentos dos contrastes.

> Estou na terceira semana da pesquisa. Quando entro na sala, a professora sorri pra mim e diz "este final de semana pensei em tantas coisas que conversamos na semana passada, que fiz até uma lista pra não esquecer. Antes eu estava com medo das nossas conversas, mas agora estou gostando muito". Abracei-a e disse: "também tenho medo, mas a chance de conversar com alguém sobre aquilo que estamos tentando compreender e dar um significado torna essa jornada muito melhor". (FOCHI, 2012b).

Como já estava fazendo nos dias anteriores, nos primeiros momentos, não utilizava nenhum instrumento de registro. Procurava sempre estabelecer contato com os bebês, contar a eles que havia chegado e que estaria junto ao grupo nos próximos dois dias.

> Logo que me sento ao chão, a professora mostra uma caixa que havia preparado e diz: *"Paulo, preparei uma atividade para fazer com os bebês hoje... estou louca pra ver o que vai acontecer"*. Tratava-se de uma caixa de papelão corruga-

---

[49] E esse confronto é mais um dos "antídotos" que Bruner (1997, p. 166-167) destaca contra "[...] o tipo particular de inconsciência".

do, com furos na tampa em formas geométricas, com papel celofane colorido dentro dele. Enquanto vai levando o material para o centro da sala, ela fala: *A atividade é para os bebês encontrarem os celofanes de dentro da caixa e brincarem.* (FOCHI, 2012b).

Acredito que a professora resumiu em uma pequena frase grandes questões da didática tradicional e da concepção de atividade que a escola geralmente tem, ou seja, a atividade da criança é atingir os objetivos e resultados que já estão previstos. Ao mesmo tempo, paradoxalmente, ela anuncia antes que está ansiosa para ver o que vai acontecer, dando a entender que não sabe qual é o resultado. Em seguida, afirma o que espera que os bebês façam. Ao decorrer da atividade dos bebês, quando ela deixa a caixa próxima deles, de imediato, não houve muita "adesão" por parte das crianças.

> Miguel olhava para a caixa sem muito interesse. Caio estava em uma posição totalmente inacessível à ação, olhava para caixa, mas não havia chances de chegar até ela. Lucas foi mexer na caixa e se ateve a ela, não aos celofanes. Enquanto isso, Pedro, José e Lara Cristina observavam, de longe, o objeto e a ação dos colegas. [...] A professora diz: *"ai, meu deus, eles não estão entendendo a atividade da caixa".* Olha em direção aos bebês e, suavemente, pergunta: *"e aí, meus bebês, o que tem dentro da caixa?".* [...] Os bebês parecem não dar atenção. A professora observa por mais alguns minutos e coloca a mão dentro de um dos buracos da caixa e, mexendo no celofane, provoca: *"olha, Lucas, o que será que tem aqui dentro?".* Lucas sorri para ela, mas continua atento à caixa. Não contente com a "falta de compreensão" dos bebês sobre a atividade proposta, rapidamente, abre a caixa e mostra os celofanes. Os bebês brincam com os celofanes e segue a tarde. (FOCHI, 2012b).

No dia seguinte, quando nos encontramos para o contraste, conversamos sobre algumas questões. Falamos sobre um e outro bebê, quando a professora mostrou algumas fotos e compartilhou as anotações que havia anunciado no início da tarde anterior.

Foram incríveis os achados que a professora registrou, frutos dos contrastes das últimas duas semanas. Além do atravessamento que ela estava percebendo sobre o trabalho, o desejo e interesse em perpetuar a reflexão foram sublinhados por ela naquele momento.

Conversar com o Paulo se eu posso ir fazendo algumas modificações no trabalho que estou percebendo a partir de nossas conversas, ou se isso vai atrapalhar a pesquisa dele. [...] Acho que algo não está no lugar certo. Quando paro para olhar as fotos que vou trazer para nossos encontros de contrastes, parece que tem algo estranho. [...] perguntar ao Paulo se ele tem alguma sugestão de livro, estou achando que está na hora de estudar, comecei a gostar de conversar mais sobre o trabalho com os bebês. (PICETTI, 2012b).

Mostro para ela algumas fotos que havia se-lecionado. Propositalmente, escolhi as fotos da "atividade da caixa", pois percebi o quanto aquele momento havia sido intrigante para ela. Conforme havíamos combinado, ao mostrar as fotos, não fazia comentários. Se ela se sentisse à vontade, falaria sobre e, depois, trocaríamos ideias a respeito dos nossos pontos de vista.

Quando chego na terceira foto selecionada, a professora fala: *"Nossa, essa sala está cheia de coisas"*. [...] Continuo mostrando as fotos e ela fala: *"Por que será que eles não gostaram da atividade?"*. Então, eu devolvo a pergunta: *"Por que você acha que eles não gostaram?"*. Ela sorri e diz: *"Eles não foram mexer no celofane"*. [...] Continuamos olhando as fotos e, durante a passagem das fotos, perguntei a ela se imaginava quanto tempo havia passado durante a atividade. Ela disse que não fazia ideia e se assustou quando eu disse que foram *8 minutos*. (FOCHI, 2012b).

Sumariamente, mas com a intenção de ilustrar essa oportunidade de aproximadamente 45 minutos em que a professora e eu conversamos, o contraste apontou-nos aspectos importantes a refletir, como os excessos na sala que, por sua vez, acabavam sendo tão prejudiciais quanto a falta de materiais. O fato de os bebês não terem tempo para se manter em algum objeto ou material e o acúmulo de informações parecem fazer com que a concentração seja minimizada. Por isso, a exploração dos materiais é rápida e um tanto confusa.

Especialmente nessa ocasião, descobrimos o sentido da escuta, abordada anteriormente, ao falar da tríade da documentação pedagógica. Percebemos, ao revisitar as fotos, que, durante a atividade da caixa, Lucas, de 8 meses, pesquisava sonoramente o corrugado da caixa. Com os dedos, ia e voltava sobre as ondulações do papel. Constatadas tais reações, uma importante reflexão apareceu: como escutar os bebês? Como dar conta do inesperado? Convém dizer que, talvez, o primeiro passo seja guardar as previsões e os resultados. Sendo assim, o fato de esperar que os bebês explorassem o celofane não permitia ampliar o foco de atenção.

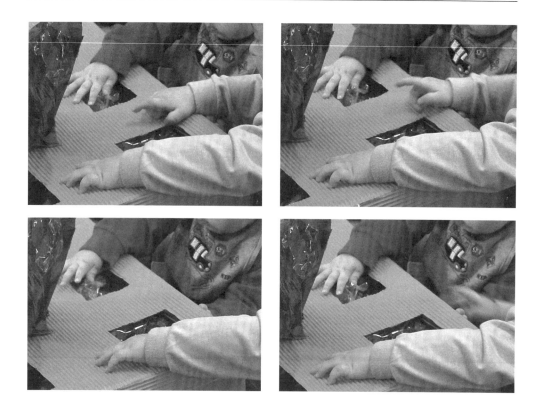

Refiro-me aqui às leituras e escritas que já havia feito sobre escutar crianças pequenas. A metáfora de Malaguzzi tomou um sentido original e vivo: "[...] construir pedagogia é sonhar com a beleza do inesperado" (HOYUELOS 2006, p. 120), maneira pela qual conseguimos encontrar sentido e pistas para o trabalho com crianças pequenas.

Outro aspecto a ser mencionado aqui é o papel do adulto, o qual se trata de uma presença profunda, não mais no sentido da verificação ou da vigia e da vigília, mas de assumir que é possível conhecer as crianças estando atento a elas. Talvez possamos pensar que, por essa razão, as atividades propostas devem estar abertas ao inesperado. Isso, por consequência, nos provocou a pensar que o planejamento, a organização dos tempos e os espaços também se modificam.[50]

> O registro é um instrumento fundante do processo de *progettazione*. É através deste meio que se realiza e verifica a avaliação de um projeto como ponto de partida para *ri-progettare*/reprojetar. A análise e a reflexão daquilo que foi registrado permitem fazer emergir conhecimentos e hipóteses utilizadas para apostar em um novo trabalho. O passado é propulsor do futuro na medida em que se reapresenta através da documentação. (TOMASELLI; ZOCCHI, 2009, p. 26).

---

[50] O planejamento, a organização dos tempos, os espaços e outros tópicos foram refletidos a partir dos momentos do contraste. Nas histórias narradas compartilhadas, será apresentada a forma como compreendemos sua concretização. Na conclusão, retomo sobre esses aspectos, a fim de organizá-los.

Com o exemplo compartilhado, procurei demonstrar quão produtivos e importantes foram os momentos dos contrastes para o andamento da pesquisa, pois exemplificam os caminhos metodológicos anunciados e utilizados. Muito embora esse estudo não tenha como foco pesquisar sobre a formação de professores, parece-me aqui encontrar alguns indícios sobre a formação em serviço.

TORNAR VISÍVEIS AS IMAGENS DE CRIANÇA, DE PROFESSOR E DE PEDAGOGIA: A FUNÇÃO DA ABORDAGEM PEDAGÓGICA E METODOLÓGICA

Inicialmente, convém dizer que as considerações feitas aqui foram anunciadas em meu projeto-inventário. Apoiado nas premissas de Loris Malaguzzi, reivindico que se reflita sobre a imagem de criança que temos, pois tal imagem é o pano de fundo da forma como nos relacionamos com as crianças. Conforme já indicado, Malaguzzi a chama de "membrana teórica":

> Existem cem imagens diferentes de criança. Cada um de nós tem em seu interior uma que orienta sua relação com a criança. Essa teoria, em nosso interior, nos leva a um comportamento de diferentes maneiras; nos orienta quando falamos com a criança, quando a escutamos, quando a observamos. É muito difícil atuar de forma contrária a essa imagem interna. (MALAGUZZI, 1994 *apud* HOYUELOS, 2004a, p. 54).

Essa noção de imagem como uma metáfora sobre a representação social e individual que temos sobre a criança é revelada de formas distintas no cotidiano das pessoas. Ao deixarmos um aparelho de som sintonizado em uma estação de rádio ao fundo de uma sala de berçário, isso evoca uma imagem de bebê sem voz que, por não "falar", não compreende e, por isso, não se importa com o som. Outro exemplo dessa mesma ideia move muitos professores a higienizar os bebês como se estivessem embalando um pacote de mercado. Se, ao contrário, tivermos a imagem de bebês que sentem, compreendem, comunicam-se e são capazes, essas ações não cabem no repertório do professor, por maior dificuldade ou menor formação que possa ter. A convicção de que o bebê é um ser humano assim como os adultos não autorizaria práticas como essas.

O registro que Malaguzzi (1989 *apud* HOYUELOS, 2004a, p. 75) faz sobre esse aspecto nos alertar de que "[...] o ponto de vista sobre a criança é o ponto de vista sobre o homem e a imagem de criança é uma imagem de unidade e inteireza da vida". Em outras palavras, ao falarmos em crianças, estamos igualmente falando sobre homens e mulheres, em seres humanos. É por isso que, em uma relação de extrema complexidade e sutileza, a docência é constituída por essa imagem da criança, que automaticamente vai construindo uma imagem de professor. Entre esses dois polos emerge a imagem de escola, ou melhor, de pedagogias para a pequena infância.

A inspiração que busco a respeito desse tópico se amplia na ocasião da viagem feita à cidade de Pamplona, na Espanha, quando o professor Hoyuelos (2012)[51] registra que "[...] documentamos para revelar uma imagem de criança, de professor e de escola ou de pedagogia, se assim preferir entender". Nesse viés, para compartilhar os dados gerados neste estudo que pretende saber sobre as ações dos bebês que emergem das experiências em contextos de vida coletiva, parto do pressuposto da função dessa abordagem. Dessa forma, busco revelar as imagens dos bebês e, por consequência, de professor, geradas no confronto das teorias adotadas, produzindo uma espécie de cultura pedagógica, a qual é entendida aqui como novos conhecimentos que tornam visível a pedagogia.

Refiro-me que, ao revelar a imagem de criança, adulto e escola, acredito tornar visíveis particularidades dos bebês desta pesquisa, as quais podem compor e interrogar a forma como outros bebês são observados e narrados, assim como professores e pedagogias. A partir do momento que opto pela abordagem da documentação pedagógica, acredito ser coerente utilizar aquilo que é função dessa metodologia como mote para a construção do argumento das análises. Dahlberg, Moss e Pence (2003, p. 200) registram de modo especial sobre isso:

> Por meio da documentação, podemos mais facilmente ver e questionar a nossa imagem de criança, os discursos que incorporamos e produzimos e que voz, direitos e posição, a criança adquiriu em nossas instituições dedicadas à primeira infância. Por exemplo, só falamos sobre conceitos como "centralidade da criança", "assumir a responsabilidade pela própria aprendizagem", "aprender como aprender", "criatividade", "participação" e uma "prática reflexiva" – ou eles realmente permeiam a prática pedagógica? A documentação pedagógica nos permite refletir de forma crítica sobre se essas ideias estão apenas no nível da conversa ou se estão sendo postas em prática e, se estão, de que maneira são entendidas.

O aspecto central aqui é perguntar – conforme já foi anunciado nas primeiras páginas que abrem este texto, ao tratar da relação da pesquisa da experiência educativa; da pedagogia como área de conhecimento que triangula teorias, práticas e crenças e valores; e do frequente distanciamento entre o discurso e a prática – qual é o grau de consciência que temos ao fazer nossas práticas pedagógicas?

Do ponto de vista desta pesquisa, a análise é feita no sentido de contribuir para aproximar o discurso à prática, de colocar em movimento o conhecimento já acumulado sobre as crianças e de produzir continuidade:

> [...] refletir, projetar, comunicar [...] são as diferentes faces da documentação que servem para crescer e colocar em discussão o próprio fazer. Nesse sentido [a documentação pedagógica], se move em um plano operativo de apoio a inovação e a pesquisa. (TOMASELLI, ZOCCHI, 2009, p. 27).

---

[51] Hoyuelos (2012) – transcrição de uma gravação, feita no dia 22 de maio de 2012, sobre a função da documentação pedagógica na abordagem italiana de Loris Malaguzzi.

Todo o exercício feito para compreender os mecanismos de utilização da abordagem da documentação pedagógica como metodologia se deve ao desafio assumido em optar pelo feitio de uma pesquisa com bebês, que é, no meu ponto de vista, entrar em um mar de incertezas e um convite para aprender a lidar com o imprevisível, sobretudo assumindo que a criança é um conhecimento inalcançável (HOYUELOS, 2003, 2004a, 2004b, 2006, 2007; MALAGUZZI, 1999a).

Foram esses autores, as ideias e, especialmente, a motivação pelo assunto central do estudo que me orientaram e conduziram a forma como organizei e analisei os dados gerados. De posse de todos os dados e com a organização prévia que havia feito ao final de cada sessão,[52] organizei uma tabela para "inventariar" o meu campo de pesquisa. Chamei de inventário pela ideia etimológica da palavra, que sugere a ideia de elucidação, de trazer à luz.

Tabela 2.1 Exemplo do inventário

Data	Personagens	Nome da pasta	Situação da cena	Relação com outra cena

As pastas que antes estavam organizadas apenas pelo dia da sessão e com o número da sequência, por meio desse inventário ganharam nomes estruturados a partir do(s) nome(s) do(s) bebê(s), personagem(ns) que era(m) central(is) na cena, e de uma palavra-chave da ação ou do cenário (nome da pasta).

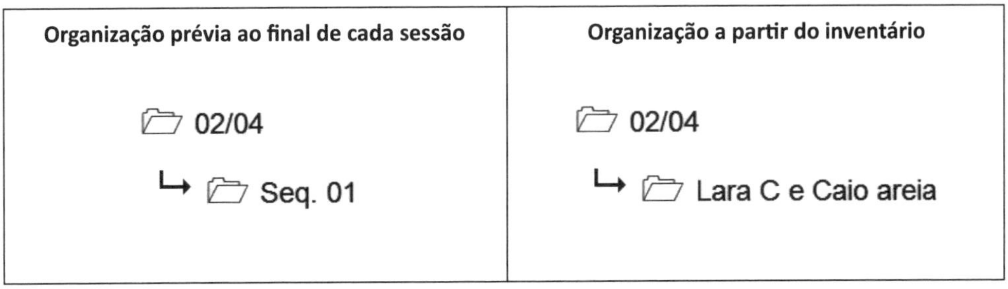

Organização prévia ao final de cada sessão	Organização a partir do inventário

📁 02/04
  ↳ 📁 Seq. 01
	📁 02/04
	  ↳ 📁 Lara C e Caio areia

Figura 2.2 Organização e nomenclatura das pastas.

Para identificar os episódios e as cenas, utilizo os argumentos de Kinney e Wharton (2009, p. 37):

> Episódio é um interesse identificado às vezes por uma criança individualmente ou em grupo, não necessariamente mantido ou possível de ser mantido durante um logo período de tempo, mas que é importante tornar visível devido a sua importância na aprendizagem e no desenvolvimento da(s) criança(s). Assim

---
[52] Conforme já mencionado, ao final de todas as sessões, descarregava as fotos da máquina fotográfica, já fazendo uma prévia organização em pastas.

como acontece com alguns tópicos pelos quais as crianças podem expressar interesse, o episódio pode ser transitório, como um dia, uma ou mais semanas, e acabar.

Em cada episódio é possível que haja pequenas cenas que, no seu conjunto, compõem toda a ação. Os conjuntos de cenas ajudam a comunicar uma história e a narrar um acontecimento que, não necessariamente, representa o início, o meio e o fim, mas, dado o recorte utilizado, demarcam certa temporalidade. A demarcação das cenas se dará a partir de um evento visível, como, por exemplo: troca de ambiente; troca brusca de postura; mudança no foco; chegada ou saída de um companheiro; troca de material. Nas cenas, busco identificar as ações dos bebês, no sentido anteriormente indicado, que sinalizem as formas que estes iniciam, inauguram o novo na experiência.

Nesse sentido, as pastas, em geral, estavam organizadas desde pequenas cenas. Por isso, para compreender a composição dos episódios, que pode envolver dias distintos, espaços diferenciados e protagonistas diferentes, foi necessário ter um panorama total dos dados.

Dessa forma, chamei a primeira etapa de "inventário geral", em que, no quadro de inventário (Tab. 2.1), registrava, na coluna "situação de cena", rápidas informações sobre quando, onde e quem estava na cena. Ainda no mesmo inventário geral, inseri dois códigos: o primeiro "↻", entre uma linha e outra, que sinalizava se a cena tinha alguma possibilidade de relação com outra, às vezes pelo local, pelos personagens envolvidos ou, ainda, pelos materiais utilizados. O segundo código era a letra "D" (descartada), por motivos como poucas fotos, desfocadas, incompletas ou que não seriam utilizadas. Todas as fotos descartadas foram removidas para uma pasta com o nome "Fotos descartadas".

Como imaginei que à medida que fosse afunilando o olhar sobre os dados pudesse querer recorrer àquelas imagens, não as desconsiderei totalmente, preservando-as em pasta diferente. Na próxima etapa, "inventário panorâmico", ampliei a descrição das cenas, descrevendo o que acontecia e entrelaçando às anotações que fiz em meu caderno de "Fatos & Reflexões – pesquisador" (FOCHI, 2012).

A partir disso, ao final dessa etapa, inseri outros dois códigos: T (talvez), sinalizando que a cena poderia ser boa, mas não continha dados fotográficos suficientes ou, ao contrário, apresentava dados suficientes, mas não estavam bem registrados. Também acrescentei o código ★ (ótima cena), indicando que tanto em termos de conteúdo como em termos de processo havia material potente para ser analisado de forma mais aprofundada.

Aqui vale fazer um destaque: com os códigos criados (↻, "D", "T", ★) e com a descrição mais aprofundada das cenas, foi possível visualizar ações que se repetiam, assim como aquelas que eram extraordinárias. Nesse sentido, comecei a compor os episódios guiados pela ideia indicada anteriormente, inseri o código "RCn°" (Relação de Cena número tal), sinalizando quando cenas diferentes convergiam, seja pela continuidade narrativa, seja pela repetição da ação de uma mesma criança ou não, seja pela oposição de ações.

Nesse momento, reorganizei as pastas com as fotos, retirando aquelas em que havia sinal de descarte e agrupando aquelas que estavam indicadas pelo código de relação de cena. A etapa seguinte ganhou o nome de "inventário detalhe",[53] em que, após um olhar geral do material que havia sido escolhido até o momento, aprofundei densamente a descrição das cenas, estabelecendo relações com o quadro teórico.

A partir daí, mobilizado pela ideia de revelar a imagem de criança e respondendo ao problema de pesquisa, "quais ações que emergem nos contextos de vida coletiva?", elegi, entre as cenas que restaram no inventário detalhe, quais seriam utilizadas nesse momento do estudo, para serem transformadas em histórias narradas e mini-histórias.

É importante destacar que, nos inventários criados, ao final de cada semana, em uma folha com o título "notas dos contrastes", eram registradas anotações vindas dos cadernos "Fatos & reflexões – pesquisador" e "Fatos & Reflexões – professora", no sentido de organizar e analisar os registros escritos, que ambos foram produzindo ao longo do trabalho. No entanto, em virtude da quantidade e qualidade do que foi produzido, optei por não utilizar, nesse momento, o caderno da professora, pois acredito ser um material de pesquisa potente para um estudo posterior, visto o caráter formativo que se deu nesta pesquisa.

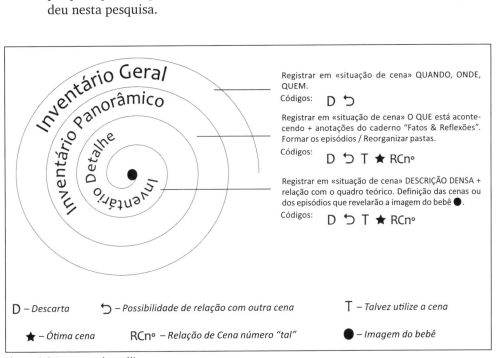

Figura 2.3 Processo de análise.

---

[53] A ideia do inventário geral, inventário panorâmico e inventário detalhe é para dar ideia do movimento feito para selecionar, a partir de critérios, os dados gerados no campo. Sair do macro e ir para o micro, sem perder a dimensão totalizadora do material.

Na abordagem da documentação pedagógica, a forma como é concretizado o resultado dos processos registrados é múltipla, como painéis, fôlderes, portfólios, dossiês, folhetos (pequenos livros), *slides*, vídeos e exposição. Por isso, conforme já visto, é importante sempre ter claro o produto final da documentação pedagógica, para saber eleger quais instrumentos serão escolhidos a fim de produzir os dados.

No caso deste estudo, a utilização da fotografia foi eleita, uma vez que estava previsto seu produto final de forma impressa, além de, a partir das análises com a finalidade de revelar a imagem de bebê, optei em transformá-las em "folhetos", para compartilhar as histórias narradas de forma textual e imagética, organizadas em formato de pequenos livros, com uma cena ou um episódio, narrados detalhadamente e confrontados com argumentos teóricos. Ao final dos livretos, seguem páginas painéis com "mini-histórias" (ALTIMIR, 2010, p. 84),[54] que se tratam "[...] de pequenos relatos, alguns com um denso passado, outros com muito futuro e, alguns, simples instantes", para complementar os livretos e agregar ao conhecimento produzido.

Nesse caso, a dimensão estética ou a forma como essas narrativas são produzidas é muito importante, pois, conforme Vecchi (2006, p. 15) registrou no prólogo do livro de Hoyuelos,

> Creio que se trata de uma atitude cotidiana, uma relação empática e sensível com o entorno, um fio que conecta e ata as coisas entre si, um ar que leva a preferir um gesto a outro, a selecionar um objeto, a eleger uma cor, um pensamento; eleições com as quais se percebe harmonia, cuidado, prazer para mente e para os sentidos. A dimensão estética pressupõe um olhar que descobre, que admira e se emociona. É o contrário da indiferença, da negligência e do conformismo.

Assim, a construção não só dos livretos e das páginas painéis, mas de toda a dissertação que deu origem a este livro foi compreendida esteticamente enquanto uma forma potente para aproximar os leitores da produção de um estudo sobre as ações dos bebês. Por isso, como Malaguzzi (1995b) entendia, existe uma estética do conhecer que nos conecta e nos permite perceber e saber mais sobre nosso entorno, ou seja, nos coloca em ressonância com o mundo.

---

[54] O termo mini-história é utilizado por Altimir (2010, p. 83), a fim de compartilhar breves relatos "[...] para facilitar uma leitura rápida, ainda que seja somente através de imagens". Neste estudo, também adoto a ideia de mini-histórias, mas eu as complemento com narrativas textuais.

3
Histórias narradas

As próximas três histórias narradas elucidam as perguntas-guias deste estudo, revelando ações que bebês, com idade entre 6 a 14 meses, realizam em suas experiências em contextos de vida coletiva.

O compartilhamento dessas histórias é uma forma de produzir conhecimento sobre os bebês, para narrar uma imagem de criança que é, faz, atua e está curiosa para estar e se relacionar com o mundo. Em meio a elas, também nascem interrogações aos adultos que acompanham a criança – os professores, auxiliares e a mim mesmo, como pesquisador. Dessa forma, a partir da imagem de bebê, constrói-se uma imagem de professor para os bebês, provocada pela emergência da observação, do registro e da reflexão sobre o que eles fazem.

> O que documentamos representa uma escolha, uma escolha entre muitas outras escolhas, uma escolha de que os próprios pedagogos estão participando. Da mesma forma, aquilo que não escolhemos é também uma escolha. [...] As descrições que fazemos e as categorias que aplicamos, assim como os entendimentos que usamos para extrair sentido do que está acontecendo, estão imersos em convenções tácitas, classificações e categorias. Em suma, nós coconstruímos e coproduzimos a documentação como sujeitos e participantes ativos. Nunca há uma única história verdadeira. (DAHLBERG; MOSS; PENCE, 2003, p. 193).

Apoiando-me nas palavras dos autores, acredito ser importante destacar o quanto a produção deste estudo não quer ser considerada como verdade sobre os bebês, mas um ponto de vista que nasce da "coconstrução e coprodução" (DAHLBERG; MOSS; PENCE, 2003) dos dados e que reúne escolhas feitas para compartilhar o entendimento e o desejo sobre a vida coletiva de bebês e adultos em creches.

Portanto, a partir de escolhas, cheguei à construção de três histórias que narram a ação de comunicar, ação autônoma e ação de saber-fazer de bebês.

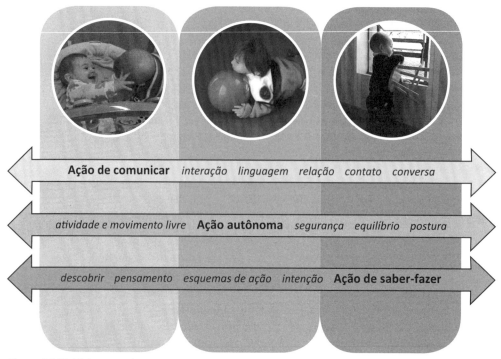

Figura 3.1 Histórias narradas.

São três histórias, cada uma delas construída em forma de livreto, lembrando um pequeno livro ou encarte, que escolhi para tornar visível a imagem de bebês e indicar as provocações feitas sobre a imagem do professor. Em cada livreto, as histórias narradas são acompanhadas de palavras-chave, que servem como uma espécie de *leitmotiv*,[55] ou seja, que anunciam um tópico de repetição, e por isso, de caráter especial.

Essas palavras representam, de alguma maneira, aspectos encontrados de forma intensa nos dados obtidos, assim como compõem cada história narrada, auxiliando no processo de construção dos argumentos sobre as ações dos bebês. Além disso, cada conjunto de palavras também atravessa as outras histórias, demonstrando a articulação delas e das ações dos bebês, e a "ação" de cada categoria é a figura sobressalente da história. Dessa forma, pode-se dizer que cada história narrada é interdependente, ou seja, tanto é possível ler cada uma delas de forma isolada, como também em conjunto.

Com o desejo de apresentar outras histórias, ao final de cada livreto apresento mini-histórias que, ancoradas nos argumentos teóricos abordados nas histórias narradas, contam breves relatos sobre a comunicação, a autonomia e o saber-fazer dos bebês.

---

[55] *Leitmotiv* é um termo alemão que significa motivo condutor ou motivo de ligação. Na literatura e na dramaturgia é compreendido como o tema de repetição da obra que envolve um significado especial.

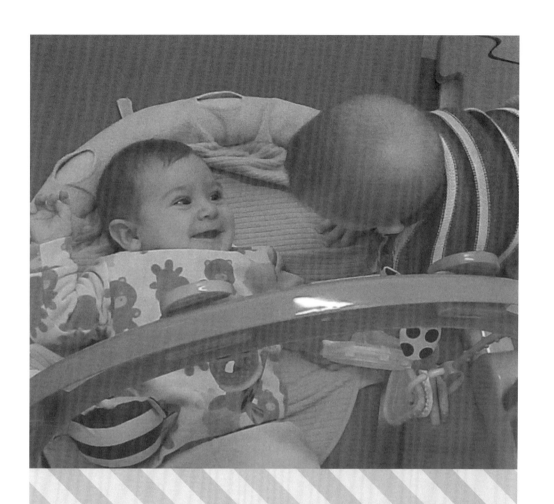

Ação de comunicar
Conversas entre Caio e Lara

A curiosidade é uma característica do ser humano que motivou, e ainda motiva, os grandes feitos da humanidade. Dewey (2002, 2007, 2010a, 2010b), ao discutir sobre a experiência, o currículo e as crianças; Bruner (1995, 1997), quando constrói argumentos sobre a linguagem; Pikler (2010a, 2010b), ao destacar a importância das atuações livres das crianças; e Malaguzzi (1995a, 1995b, 1999a, 2001), defendendo sobre o argumento das relações e das linguagens, de diferentes pontos de vista, reforçam que, desde que nasce, o ser humano é curioso para "alcançar" o outro: seja um ser humano, seja a si mesmo, seja outra coisa.

A curiosidade por esse outro é o que impulsiona o bebê a descobrir seu entorno. O alcançar a que me refiro abrange uma tessitura de ações que esses autores expõem com termos distintos, mas que, de alguma forma, envolvem a dimensão humana de tocar, olhar, experimentar, conectar, provar, comunicar, conversar, aproximar, interagir e estar com o outro. É a partir disso, por exemplo, que Dewey (2010b, p. 39) situa o ser humano no contexto da interação que, segundo ele, refere-se a uma tensão entre organismo e ambiente, entre a esfera biológica e a natureza essencialmente cultural do homem. Por essa razão, o autor dirá que "[...] toda experiência humana é fundamentalmente social, ou seja, envolve contato e comunicação". Esse estado do "entre e ação", de estar agindo sobre ou com algo, torna-se uma prerrogativa importante para o tema da linguagem, foco dessa primeira história narrada.

Dentro dessa dimensão inaugural da vida – do encontro com, do estar entre, do alcançar, do contato – é que compartilho a cena a seguir: a curiosidade impulsionando ações comunicativas, as quais, nesta história, envolvem dois bebês. Ao longo da pesquisa, percebi tal motivação até mesmo em momentos nos quais os bebês estavam sós, mas seu contato com algum objeto – o alcançar o outro ao qual me referi anteriormente – revela a perspectiva da interpelação, do "usar a cultura", a qual Bruner (1995, p. 24) caracteriza como princípio da linguagem.

> É igualmente claro que as crianças, ao desejar usar a linguagem para alcançar seus fins fazem muito mais que simplesmente dominar um código. Estão negociando procedimentos e significados e, ao aprender a fazer isso, estão aprendendo os caminhos da cultura,[56] assim como os caminhos da linguagem. (BRUNER, 1995, p. 15).

Essa citação em que Bruner chama a atenção para o fato de a intenção comunicativa dos bebês estar para além de um código, mas, sobretudo, ser um manifesto ao pertencimento e uso da cultura, faz-me crer que o "extrato" do trabalho pedagógico em contextos de vida coletiva reside em uma dimensão muito mais complexa e profunda do que podemos imaginar.

---

[56] Bruner (1995, p. 15) declara apoiar-se nos estudos de Geertz sobre a cultura, pelo fato de esse autor estar mais "[...] preocupado pela maneira na qual se adquire a cultura por meio de negociação do que por meio do esgotamento de um código".

A história que será narrada nas próximas páginas sinaliza a fertilidade desse campo, mas também a emergência de uma reflexão séria sobre o papel do professor tanto no sentido daquele que cria oportunidades, como a que será descrita, como também na importância de que essas ações sejam reconhecidas – e visibilizadas – como conteúdo do trabalho pedagógico e das aprendizagens e relações das crianças.

Assim começa essa história entre dois bebês, ambos de 6 meses, que fazem uma conversa longa, intensa e sem palavras. Caio olha fixamente Lara Cristina, e esse olhar parece ter um objetivo claro: o contato para conversar; uma descoberta sobre a presença do outro que se dá nas ações do menino.

A palavra *conversar*, da mesma família do termo *"bavarder"*, do francês, deriva do latim *"baba"*, onomatopeia do balbuciar infantil, muitas vezes acompanhado de constante salivar. No mesmo sentido, *"conversatio"*, do latim, significa "viver com", "encontrar-se com frequência" ou ainda, "virar-se", "voltar-se para". Essa família de significados que compõem o termo "conversa" ganha um sentido profundo entre Caio e Lara Cristina.

Esses dois bebês, que têm apenas onze dias de diferença, chegaram há pouco mais de um mês na escola e, sem dúvidas, inauguram suas primeiras atividades sociais em comunidade e com a especial característica de estarem entre pares. Esse caráter inaugural também presente em suas ações tem um tom de descobrir como é, como se faz, o que acontece.

O modo peculiar realizado por Caio para descobrir a menina é uma forma de tomada de conhecimento sobre o mundo. Nesse sentido, considero-o uma importante pista para refletir sobre o processo de como as crianças pequenas aprendem. O tempo e a forma ainda não convencionados do bebê parecem criar um jeito – que comumente chamamos de criativo – *sui generis* – para empreender suas ações.[57]

---

[57] Esse tema será mais amplamente discutido na terceira história narrada.

Com tal característica, a conversa entre Caio e Lara Cristina reúne o que a pediatra húngara, Emmi Pikler, chamaria de *atividade em comum*, que, entre outras categorias das relações sociais, engendram modos que as crianças criam para estabelecer relações com o outro e, sobretudo, para realizar atividades sociais. O sentido da atividade em comum anunciada nos estudos de Pikler é entendido como a ação entre mais de uma criança, que não esteja apenas na "[...] forma de ação-reação, mas no qual se dão as formas de comportamento possuidoras de conteúdo afetivo e na qual supõem uma consciência da existência do outro" (VINCZE, 2011, p. 74).

Nesse sentido, parece-me importante deixar registrado que, para os bebês conseguirem perceber o outro ou tomar consciência da existência do outro, as oportunidades que oferecemos a eles são de suma importância. Para que Caio pudesse encontrar Lara Cristina, e vice-versa, houve a necessidade da criação de um ambiente favorável ou satisfatório (GOLDSCHMIED; JACKSON, 2007; PIKLER, 2010a). Para que isso ocorresse, ambos se encontravam livres no chão. Deixar os bebês em cadeirões ou dentro de berços, por exemplo, impede o contato e a relação com o espaço e o mundo.

A intenção de Caio de alcançar Lara Cristina, tocando-a com a mão, sintoniza o aspecto da consciência do outro e do teor emocional. A expressão de seu rosto, a pressão nos lábios, que são antecipadas por um sorriso, e o movimento das mãos em direção a Lara Cristina parecem compor uma vasta coleção de signos que se transformam em "palavras" de uma intensa e sensível conversa.

Como destaca Bruner (1995, p. 24), a ação do bebê é social e comunicativa, pois "o desejo de usar a cultura como uma forma necessária de manejo é o que força o homem a dominar a linguagem. A linguagem é o meio de interpretar e regular a cultura". No momento em que Caio percebe a presença de sua companheira, seu corpo inteiro se motivar para interpelá-la.

Bruner (1995, p. 21, grifo do autor) é incisivo ao dizer que

[...] a aquisição da linguagem começa antes que a criança expresse sua primeira fala léxico-gramatical. Começa quando a mãe e a criança criam uma estrutura precedida de ação recíproca que pode servir como um microcosmo para comunicar-se e para constituir uma realidade compartilhada. As transações que se dão dentro dessa estrutura constituem a entrada, o *input* a partir do qual a criança conhece a gramática, a forma de referir e de significar, e a forma de realizar sua intenção comunicativamente.

Nesse sentido, embora o autor esteja se referindo à figura materna, acredito que a presença do adulto na vida da criança esteja exatamente no sentido da construção de uma espécie de narrativa corporal, de um diálogo que acontece pela sua presença (CASTELL, 2011). Também no caso desse diálogo ocorrer entre os pares, a maneira como a criança vai encontrando formas de se referir a algo, em ambos os casos, demonstra que a intenção comunicativa antecede o uso da palavra.

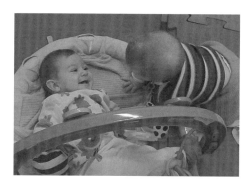 

A reciprocidade, que Bruner (1995) destaca no tocante à argumentação sobre a linguagem e as crianças, evidencia-se quando a mão de Caio alcança o rosto de Lara Cristina e a convida para que participe da conversa. A resposta da menina é iniciada por um balbucio e pela direção de seu olhar e que, a partir desse momento, volta-se para Caio, e ele parece fazer um gesto de agradecimento com um sorriso. Acredito que é a partir disso que os bebês constituem a realidade compartilhada sobre a qual o autor refere: estão em linguagem – referindo e significando – estão negociando a cultura.

Bruner (1995) afirma que é o desejo de usar a cultura que força o homem a dominar a linguagem e, mais adiante, quando detalha a compreensão de "usar", referindo-se, por exemplo, à interpelação feita pelo bebê, desde o momento em que entra na cena humana, oferece argumentos para ampliar o conceito de linguagem que, em muitos casos, costuma estar associado à ideia da presença da palavra.

O contato visual, primeiramente de Caio para Lara Cristina, suas expressões e seus movimentos corporais em busca, ou seja, interpelando a menina, a resposta de Lara Cristina para Caio, por meio de balbucio e olhar, e, novamente, a satisfação expressa pelo menino do "êxito" de sua ação comprovam os argumentos brunerianos, o que faz entender que a linguagem dos bebês é vasta, metaforicamente dizendo: os bebês são poliglotas.

Aqui, talvez caiba destacar a nossa incompletude para compreender os bebês e suas linguagens, seja pelo fato de estarmos imersos no mundo das palavras, seja pela histórica imagem da ausência de linguagem antes da fala. Ao assumir minha posição a favor da compreensão de que os bebês estão em linguagem desde que nascem e, com isso, reunir argumentos para tal feito, espero contribuir com as atuais reflexões acerca do tema.

Acredito ainda que esse aspecto denote uma importante interrogação aos professores e às professoras de bebês. Da mesma maneira que os bebês se comunicam sem a palavra, é necessário que nós, adultos, tornemos a comunicação para além de nossas palavras. Castell (2001, p. 4), ao registrar a forma como as educadoras de Lóczy atuam para a construção do diálogo corporal com os bebês, refere-se ao ritmo e gestos que utilizam:

> Destacamos a importância do espaço-corpo da educadora e a peculiar maneira de atuar dela. Apreciamos as trocas de ritmo quando executa as ações de organização de materiais (sem a presença dos bebês) e os gestos, de ritmos previsíveis quando está em contato com o bebê.

Em contraponto, se, por um lado, a ausência da palavra constrói diálogos, "o poder e o uso da palavra" (CASTELL, 2001, p. 4) também somam a esse aspecto, contribuindo para que os bebês sejam inseridos na cena humana, auxiliando a compreender o seu entorno. Em outros termos, "[...] a educadora não ensina o que a criança deve fazer, nem os modos de participar. Mantém a comunicação constante para considerar o que expressa o bebê, seus desejos e suas ações" (CASTELL, 2001, p. 4).

A conversa continua entre Caio e Lara Cristina, revelando-se uma forma peculiar de criar e estreitar relações, ao mesmo tempo em que nasce da possibilidade de estar em relação.

Malaguzzi (1999a) considera esse um tópico de grande importância. Ao reivindicar que seja declarada a imagem que temos das crianças, testemunha sua crença em uma criança que é desejosa de se conectar ao mundo. A resposta de Lara Cristina a Caio e, consequentemente, a reação do menino parecem comprovar a máxima malaguzziana. O pedagogo reconhece que o tópico em questão "[...] é uma exigência, um desejo, uma necessidade vital que cada criança carrega dentro de si" (MALAGUZZI, 1999b, p. 12).

De modo igual, Bruner (1995), Dewey (2010b) e Pikler (2010a) somam-se ao argumento de Malaguzzi e vão compondo essa ideia de que a ação de comunicar dos bebês está apoiada (i) na premissa relacional e social do ser humano; e (ii) na ação do bebê sobre o outro, em outras palavras, a linguagem do bebê se vale de sua ação para se efetivar. Seria um "linguagear" que Maturana e Varela (2001) afirmam e Dahlberg e Moss

(2012,p. 38) destacam: "[...] da linguagem como abstrato, um nome, para a linguagem como um ato, um verbo".

Portanto, se, para o bebê, a linguagem é expressa de "cem formas" (MALAGUZZI, 1999a), se estão no corpo inteiro, se somos constituídos por elas e, portanto, não podemos viver fora delas, é interessante observar que, por meio do contato entre os bebês, cada um observa as reações do outro e, com isso, gradualmente, pode ir conhecendo e descobrindo os sentimentos, as emoções e a natureza humana (PARKER-REES, 2010).

Desse modo, a perspectiva pikleriana defende a tomada de consciência do bebê sobre o outro, uma vez que a presença da emoção revela esse caráter de alteridade, o que questiona o argumento já muito postulado sobre a incapacidade do bebê de perceber o outro.

As imagens mostram o desfecho da conversa, quando Lara Cristina muda sua posição corporal, ao adotar uma horizontalidade, e se aproxima de Caio enquanto faz alguns balbucios. O menino acompanha com o olhar e com a mão, bem como vibra com sorrisos.

A opção de Lara Cristina parece levar a cabo dois argumentos de Pikler expressos por Vincze (2011). O primeiro, de que "[...] a posição dos próprios corpos também tem uma função no aparecimento da relação" (VINCZE, 2011, p. 75), que irei me aprofundar na próxima história narrada, e o segundo, de que, com "[...] uma posição de instabilidade do corpo, não há energia disponível para a observação" (VINCZE, 2011, p. 75), energia imprescindível para "conversatio", para se voltar ao seu companheiro de conversa.

O fato de o outro bebê ocupar uma posição semelhante à de Caio evidencia esses dois argumentos, mas, sobretudo, evoca a importância que Pikler (2010a) refere ao contato visual. Nesse aspecto, destaco o quanto a intensidade do olhar dos bebês chamou minha atenção durante a permanência no campo, um olhar que atravessa, investiga e é constante, enquanto o adulto já não consegue manter o olhar, sobrevoa. Quando a autora húngara constitui seu protocolo de trabalho, indicando ao adulto estar sempre em uma distância e em um local em que a criança possa enxergá-lo, não tenho dúvidas de que sua inspiração nasceu da observação de como os bebês atuam entre eles e de como esse ato de olhar compromete uma dimensão relacional.

Lara Cristina e Caio estabelecem uma conversa motivada pela curiosidade de alcançar o outro. Tocar, olhar, sorrir, estar na mesma postura, pressionar os lábios e balbuciar, engendram ações comunicativas, do "linguagear" dados pelas possibilidades do encontro e pela presença de emoções. A história narrada sobre esses dois bebês, que inicia quando Caio começa o contato com Lara Cristina para conversar, sugere uma ideia de bebê que se comunica e interage desde que nasce. A linguagem que utilizam aparece desde o gesto até os sons dos balbucios e sorrisos, ou seja, a linguagem dos bebês está na ação.

A partir dessa história, encontro pautas para pensar a ação docente, que implicam também continuar o diálogo com e sem palavras e que, em ambos os casos, precisam ser mediadas por uma relação de olhar entre adulto e criança. Isso é o que poderíamos chamar de "dar presença":

> Sem dúvidas, a criança nunca deve estar só; a educadora sempre está próxima e os dois estão constantemente em um raio de escuta e de visão mútua. [...] Se considera que o fato de não intervir nas atividades da criança alimentando-as com constantes fontes de interesse é um ato relacional, e as crianças parecem perceber também assim. (DAVID; APPELL, 2010, p. 26).

Além disso, nota-se que a construção do cotidiano nos interiores das escolas de educação infantil é atravessada por sutilezas, como essa que acabou de ser narrada: de tornar possível que os bebês, mesmo aqueles que não caminham, encontrem-se. Portanto, a presença do adulto é relacional e comunicativa constantemente. Imprime, também, o caráter coletivo à escola, pois, junto à criança, vai construindo e constituindo um modo de ser e de estar no mundo. Esse já é o grande conteúdo pedagógico de um berçário em contextos de vida coletiva.

Ação de comunicar
Interação
Linguagem
Relação
Contato
Conversa

Mini-história
João Pedro descobre Paulo

As oportunidades na escola podem ser ímpares. Um simples espelho pode ser motivo para grandes descobertas e experiências. João, de 12 meses, sabe disso e, por isso, brinca no espelho. A "solidariedade dinâmica" (DOLCI, 2011) provocada entre os gestos e as expressões que ele faz e a imagem no espelho parece interessar o bebê a continuar sua exploração. Entretanto, o que pode estar acontecendo é uma perfeita maneira de João saber mais sobre si, descobrir sua imagem e sobre quem é.

As conversas de João são longas. Sons, balbucios, risadas e olhares intensos ressoam enquanto o menino atua em frente ao espelho. Parece que nada mais interessa a ele. O reflexo mostra que estou observando-o, que fotografo suas conversas consigo mesmo e, utilizando o espelho, o bebê busca meu contato. Interage com o espelho para estar em relação comigo. Com os olhos visivelmente alcança-me para a conversa.

Nossa conversa deixa de ocupar o espelho e a máquina fotográfica quando João se volta para mim e vem em minha direção, abraçando-me. Momentos que são rodeados de intensa troca e emoções, que impedem a continuidade do registro da pesquisa. Assim como João abandona o espelho, eu abandono a máquina fotográfica. Esses são registros que só podem ser sentidos e, quando contados, muitas vezes, não conseguem ser expressos.

Ação autônoma
Os primeiros passos de Miguel

A história que será narrada nas próximas páginas é motivada pelo pensamento de Emmi Pikler, quando, no desejo de evidenciar o movimento livre dos bebês, a pediatra contrapõe a ideia de estimulação precoce e de exercícios para as crianças conquistarem movimentos como os de sentar e caminhar e produz uma reflexão que, sumariamente falando, ocupa-se da construção de um ambiente positivo, de relações de vínculo estável e, sobretudo, da condição de a criança iniciar seus próprios movimentos. A autora desenvolve seus estudos com base em uma criança ativa e coloca em xeque a imagem da criança extremamente dependente do adulto, sendo possível concluir que a extrema dependência parece ser muito mais uma construção social do que exatamente biológica.

O adulto é uma figura fundamental na vida da criança, pois ela precisa da presença, do interesse, do afeto, da segurança e, especialmente, de alguém que crie as condições adequadas para ela se desenvolver. Contudo, a criança também precisa que lhe seja ofertado tempo para realizar suas conquistas, aprender e descobrir sobre o mundo, sendo possível com um nível de intervenção adequado.

> Como consequência dos movimentos e posturas que vão aparecendo durante seu desenvolvimento, a criança pode mostrar-se ativa de maneira contínua, sem necessidade de ter como referência em todo o momento o adulto. Antes de sentar ou de caminhar, aparecem numerosos estágios – que Pikler chama de intermédios – que asseguram à criança a continuidade em suas trocas de postura e da livre eleição, em todo momento, da posição mais sensata, segundo seu critério, para o que quiser fazer. Em geral, se têm bons brinquedos, adaptados a sua idade e às suas preocupações, e se está com boas relações com o adulto, o bebê tem iniciativas e quer fazer. Nesse sentido, se depende do adulto! (SZANTO-FEDER, 2011, p. 37).

O que, de início, parece ser necessário registrar é que a intervenção do adulto, quando indireta, parece ser mais potente. Pensar e organizar os espaços, os materiais, o tempo e o tipo da intervenção são meios de o professor construir um ambiente favorável para que as crianças o experimentem sem reduzir a previsões já estabelecidas antecipadamente.

Esses elementos foram surgindo ao longo do processo de pesquisa e alguns deles tornarei visíveis nessa segunda história narrada, tentando demonstrar como a escuta das ações das crianças podem problematizar uma reflexão, para indicar formas de construir o protocolo de trabalho do professor. Anna Tardos, filha de Emmi Pikler e atual diretora do Instituto Lóczy, destaca que o pensamento que a autora deseja expressar no trabalho desenvolvido é de que:

> [...] se confiarmos nas capacidades da criança, se animarmos sua atividade autônoma, veremos que é capaz de muito mais coisas do que aquelas em que se crê normalmente. Dentre várias, de uma grande desenvoltura corporal e de uma grande atenção e curiosidade por tudo o que a rodeia. A linguagem corporal, a atitude das crianças, a expressão de seus rostos, nos demonstram isso. (TARDOS, 2008a, p. 48).

Por esse motivo, a autora destaca que a atividade motora, por exemplo, pode receber atenção maior na primeira infância e, a partir de então, a autonomia da criança tem um caráter especial. O conceito de autonomia proposto pela autora está associado à ideia de que a criança é capaz de aprender a partir de seu interesse, ou seja, quando seus "[...] esforços interiores estão dosados, regulados por ela mesma" (TARDOS, 2008a, p. 50), pois será por intermédio da atividade iniciada pela própria criança que ela irá adquirir sentido, mesmo que seja provisório.

Nessa história, embora tenha concentrado minha atenção nas premissas da ação autônoma de um bebê, outros aspectos que convergiam com o entendimento desse assunto foram articulados, na tentativa de criar uma compreensão, visto que a parte está sempre dentro de um contexto maior. Sendo assim, ao falar sobre a autonomia, também estou falando de como as crianças aprendem, do valor dessa atividade para a sua vida, das condições necessárias para que se desenvolva a autonomia que trago neste texto e, por isso, da posição do adulto, das condições do ambiente observado, e assim por diante.

Ademais, o tema da ação autônoma envolve alguns termos, como motricidade livre, atividade livre, descobertas, ação da própria criança, ou seja, tópicos que compõem o grande tema e que, por isso, fazem parte deste texto.

Em uma tarde de sol de outono, quando os bebês do nível 1[58] foram para o corredor da escola brincar, Miguel, de 13 meses, desbravou-se em uma linda jornada sobre o prazer da atividade autônoma. O corredor dessa escola é um espaço privilegiado, amplo e com um sol que o atravessa, deixando um colorido muito peculiar. Todos os dias, a professora da turma costuma ir com os bebês para esse espaço, levando algum tipo de material. Nesse dia, o material escolhido para os bebês foram bolas de diferentes tamanhos, texturas e cores.

Miguel, o protagonista desse longo episódio, nesse dia, fez uma grande conquista e tudo começou com o menino investigando a bola verde. Primeiro, ele observa o reflexo de seu rosto na bola e, em seguida, faz diversos arranjos corporais para se apoiar sobre o brinquedo, enquanto faz sons com certa melodia, parecendo estar cantando uma música.

---

[58] Nível é o termo utilizado para nomear as turmas. Nível 1 é a turma dos bebês pesquisados, que compreende crianças com 4 até 16 meses. A turma seguinte é o Nível 2.

Como Tardos (2008a, p. 50) registra, a criança "[...] em condições adequadas, ocupa-se de si mesma, de sua mão, de seus movimentos, do meio que a rodeia" e, assim, a variedade das atividades que a própria criança inicia constrói repertórios potentes para sua "[...] aprendizagem ativa ou com outros [repertórios] que a criança descobre" (TARDOS, 2008, p. 50).

As brincadeiras de Miguel são escolhas que o próprio menino faz. Os modos como investiga e descobre a topologia da bola partem de seu interesse e desejo. A brincadeira de Miguel dura mais de 20 minutos, sozinho, "cantarolando" e repetindo posições a partir da bola verde.

> Durante suas atividades, dirigidas a partir de sua própria "responsabilidade", a criança aprende a observar, a atuar, a utilizar o corpo de uma maneira econômica, a prever resultado de sua ação, aprende a sentir os limites de suas possibilidades, a modificar seus movimentos, seus atos; aprende a aprender. Em uma palavra: a criança desenvolve sua competência, reforça sua exigência de competência. (TARDOS, 2008a, p. 50).

A partir das leituras que fiz de Emmi Pikler e suas interlocutoras, o sentido do termo "econômica" empregado está contextualizado com base na ideia de que a criança, empreendendo suas próprias atividades, concentra a energia no que realmente é necessário, visto que a postura em que se encontra é fruto de um arranjo corporal que ela mesma adotou, pois essa é a posição mais segura e adequada. Assim, seu foco de atenção está voltado apenas para o que ela escolheu explorar, nesse caso, a bola. Do contrário, ao mesmo tempo em que explora um objeto, deve encontrar formas de se manter em uma posição adequada e em equilíbrio,[59] desperdiçando sua energia corporal. Em outras palavras, quanto menos ajustes a criança tiver de fazer, mais disposta e interessada poderá estar para descobrir e explorar algo.

Com tais características, é possível observar que o tempo prolongado empreendido por Miguel em utilizar a bola como um elemento "problematizador" de posturas e de arranjos corporais, bem como a variedade de posturas que o menino adota, evocam a ideia de competência expressa pela autora, visto seu esforço e sua tentativa para apreender. Sobre o aspecto das "atividades dirigidas a partir de sua própria responsabilidade", esse episódio está repleto de argumentos empíricos que revelam "[...] o espírito de iniciativa, o interesse pelo descobrimento do mundo e o prazer da iniciativa rica e autônoma" (SZANTO-FEDER; TARDOS, 2011, p. 51). Esses são tópicos importantes para compreender o argumento da ação autônoma a partir das premissas piklerianas que serão desdobradas ao longo dessa história.

Miguel ainda não caminha, mesmo assim ele se desloca engatinhando ou se apoiando em suportes, como móveis e paredes.

A bola verde foge do corpo de Miguel e rola para dentro da sala do outro nível que, naquele momento, estava vazia, pois as crianças estavam brincando no pátio, e, portanto, era um espaço totalmente livre e desimpedido

---
[59] O termo "equilíbrio" será retomado e desenvolvido mais adiante nesse episódio.

para o bebê desbravar. Miguel persegue a bola e, engatinhando, segue rumo à sala do outro grupo.

Com a sala vazia e os brinquedos esquecidos pelas crianças da outra turma, parece que seu interesse deixa de ser a bola verde. Em um posto de gasolina miniatura, Miguel passeia com um carro, enquanto vibra os lábios, assemelhando-se ao som de um motor. O menino explora como giram as rodas do carro laranja e verde, investiga-o minuciosamente acocado sobre o chão.

A postura que Miguel escolhe para realizar suas investigações é um ponto importante para a reflexão da autonomia da criança. O bebê, ao adotar determinadas posturas, as escolhe por serem seguras e de seu domínio naquele momento. A construção da ação autônoma da criança está diretamente associada com a dimensão da liberdade que ela tem, seja por optar por esse ou aquele material, seja por se ajustar naquela ou na outra postura. Graças a esse fator, nomeado por Pikler (2010a, p. 59) de "movimento livre", é que a criança pode desenvolver o gosto pela atividade autônoma, pois

> [...] [a atividade autônoma] se considera como algo essencial na educação de qualquer criança. Através dela os pequenos podem acumular experiências que favoreçam um desenvolvimento motor harmonioso e estabeleçam as bases de

um bom desenvolvimento intelectual graças à experimentação das situações. (DAVID; APPELL, 2010, p. 24).

Sobre esse aspecto, Szanto-Feder e Tardos (2011, p. 48) referem ainda que,

> Para a criança, a liberdade de movimentos significa a possibilidade, nas condições materiais adequadas, de descobrir, de experimentar, de aperfeiçoar e de viver, a cada fase de seu desenvolvimento, suas posturas e movimentos.

Da mesma maneira, a sequência das ações de Miguel, ao se ajoelhar com a perna direita no chão, para encontrar um modo de ficar em pé, trata-se de uma experiência que o menino vive e soa como um "ensaio" de uma conquista futura, uma vez que, com o "[...] ensaio de novos movimentos e o exercício daqueles já aprendidos, sua musculatura se torna mais ágil e forte, e seus movimentos são cada vez mais coordenados e harmoniosos" (FALK; TARDOS, 2002, p. 11).

Nesse aspecto, vale destacar que a ideia de experiência expressa pelos estudos de Emmi Pikler muito se assemelha ao conceito de experiência de Dewey, pois "[...] a experiência na medida em que é experiência, consiste na acentuação da vitalidade" (DEWEY, 2010a, p. 83). Nesse sentido, o ensaio de Miguel, que, nas premissas de Pikler (2010a), trata de repertórios, para Dewey, está implicado em uma dimensão de continuidade, ou seja, "[...] assim como nenhum homem vive e morre para si mesmo, nenhuma experiência vive e morre para si mesma" (DEWEY, 2010b, p. 28).

Acredito que a ideia de experiência postulada por Dewey é produtiva para a reflexão que se faz neste estudo, pois evidencia a importância de problematizar o cotidiano que bebês e crianças pequenas vivem em suas primeiras experiências nos contextos de vida coletiva como um espaço potente e de grande importância em suas vidas. Não há dúvidas de que Miguel está tentando dar seus primeiros passos e que suas primeiras experiências estão servindo como ensaios. Nessa experiência, ele busca descobrir uma posição para tornar possível iniciar sua caminhada, mas, depois de um breve tempo parado em pé, como se estivesse verificando se o entorno poderá contribuir para sua jornada, faz seu primeiro passo sem apoio, no entanto, dessa vez, não consegue concluí-lo.

Caído ao chão, engatinhando, Miguel vai rumo a uma pequena escada que há na sala, apoiando-se, fica em pé, mas logo volta a se agachar para explorar um painel com "assuntos do cotidiano" (tomada, fechadura, torneira, interruptor de luz, trincos de portas, pé de móvel com regulagem).

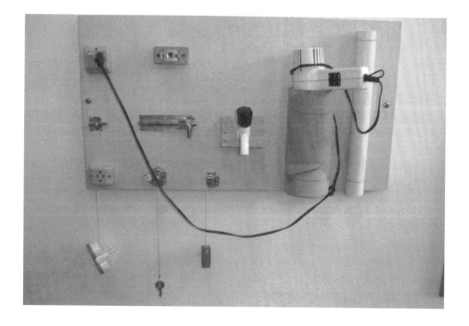

Outra vez, é possível perceber que a posição que Miguel assume para investigar o painel é a mesma adotada em outras situações que garantem a segurança e o conforto necessário para explorar.

O bebê se mostra hábil. Dá a impressão de estar cômodo e seus movimentos são harmoniosos, pois ele mesmo assume as condições de seu próprio equilíbrio [...]. Pode ser considerado competente em um determinado nível na medida em que pode atuar, com a sensação constante de ser dono de cada um dos seus gestos, antes, durante e depois do movimento. Estar na brincadeira e continuar empenhado e atento nela são uma consequência direta disso. (SZANTO-FEDER, 2011, p. 33).

É curioso observar e importante fazer esse destaque, pois, em geral, ao percebermos bebês atuando sobre algo, geralmente não nos damos conta ou não faz parte dos repertórios de observação olhar para as posturas e posições adotadas por eles, não vinculando que a escolha de determinada posição possa ter algum sentido em sua descoberta e na conquista da ação autônoma.

No entanto, acredito que as ideias postuladas pela pediatra húngara ampliam o olhar sobre a atividade da criança, não dissociando a relação motora com as questões cognitivas, relacionais e afetivas. Creio, com isso, que é a materialização de um discurso que não fragmenta a criança, considerando-a integralmente. Além disso, tal materialização indica um aspecto importante a ser observado pelos adultos que acompanham as crianças, pois, nesse sentido, a forma como permitimos que as crianças, em especial aquelas que ainda não caminham, atuem sobre os espaços e materiais implica também a dimensão de como estão construindo suas competências. Talvez, aqui, seja importante fazer algumas considerações sobre o espaço, visto que as oportunidades que Miguel teve de escolher as melhores posturas para realizar suas atividades são também fruto de um "entorno positivo" (DAVID; APPELL; PIKLER, 2010a, 2010).

David e Appell (2010, p. 57), ao destacarem o espaço de Lóczy, chamam a atenção para três pontos: o primeiro sobre a relação do espaço com a possibilidade de a criança ter certo controle, certa organicidade, "[...] sem que [a criança] se sinta insegura por um espaço muito grande". No segundo ponto, as autoras referem-se às interações que os espaços proporcionam, "[...] tem de permitir que as crianças possam se mover e deslocar sem atrapalhar os outros. Deste modo, podem nascer entre eles interações agradáveis sem que cada um se converta em uma ameaça para o vizinho" (DAVID; APPELL, 2010, p. 57).

O último ponto trata da segurança, ou seja, o adulto deve ter cuidado para estar com as crianças em um espaço em que não precise, constantemente, restringir o acesso a algo. Caso seja necessário, esse espaço parece não ser adequado. Dessa forma, é necessário estar em um espaço que possibilite deixar de lado "[...]as proibições ativas por parte do adulto, as quais inibiriam ou falseariam seus movimentos espontâneos [dos bebês] para a ação e a experimentação" (DAVID; APPELL, 2010, p. 57).

Esses seriam os três principais elementos para considerar um local como um "entorno positivo". No entanto, trago outro argumento encontrado em Cabanellas e Eslava (2005), no qual as autoras, interessadas em observar a forma como as crianças habitam os espaços, buscando se aproximar das "vivências do espaço", procuram compreendê-lo "como um espaço de lugares, de objetos, de emoções, um espaço corporal... para submergir em um 'espaço' compreendido como entorno vital" (p. 29) [grifo do autor]. Em outros termos, pensar na dimensão espacial como um lugar de muitos acontecimentos, de muitas possibilidades e que implica distintos pontos de vista.

Essa noção de espaço é também destacada por Szanto-Feder e Tardos (2011, p. 49-50), que sublinham a relação de o espaço envolver muito além de um corpo no espaço.

> Há uma relação entre motricidade e desenvolvimento intelectual e afetivo: a criança tem sempre os meios de escolher a posição mais adequada para poder manipular objetos com tranquilidade ou para estar atenta ao seu entorno. Os movimentos e suas posições lhe são de utilidade para construir um esquema corporal correto, e os seus deslocamentos são importantes para estruturar ativamente a sua percepção de espaço.

No painel de "assuntos do cotidiano", o interesse de Miguel é uma chave que está presa por um cordão. Ele tenta levá-la até o interruptor de luz e, não o alcançando, a puxa em direção ao corpo como se estivesse medindo o tamanho do barbante. Esse painel costuma atrair muito o interesse das crianças e não foi diferente com Miguel. Talvez isso ocorra pela qualidade dos materiais que estão disponíveis ali, pois "[...] sugerem explorações cada vez mais das propriedades dos objetos e das relações entre eles" (MUSATTI; MAYER, 2002, p. 205).

Além disso, as propriedades físicas desse painel são bastante diversificadas e convocam a uma ampliação de repertório, tanto no que diz respeito ao conhecimento e à experiência de materiais distintos (metal, madeira, plástico, pequeno, grande, frio, quente) como no que se refere ao convite do que fazer com esses materiais (encaixar, desencaixar, rodar, acoplar, desacoplar, empurrar, puxar). Além do espaço para imaginar (sons de água, do secador de cabelo, da porta batendo).

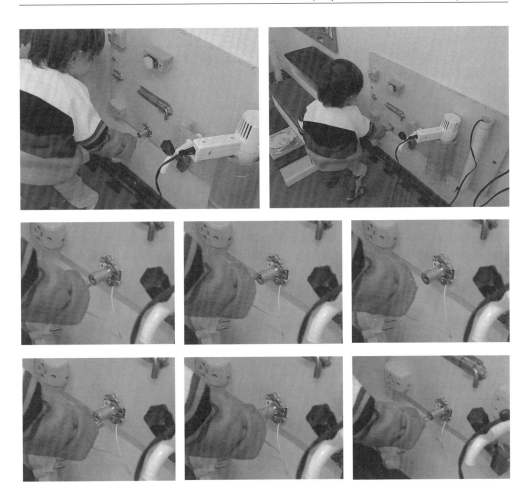

Miguel pega a chave e a leva em direção à fechadura, são "mãos que pensam" (RED TERRITORIAL DE EDUCACIÓN INFANTIL DE CATALUÑA, 2012, p. 1.222), já sabe que a chave tem um lugar de encaixe perfeito. Enquanto investiga e tenta encaixá-la, seu corpo também vai variando de posição, como se estivesse pretendendo ajustar-se tal qual a chave à fechadura. O encaixe da chave parece ser algo bastante complexo para Miguel. Utilizando apenas uma mão, vai tentando levá-la até o "buraco da fechadura". Enquanto suas hipóteses vão sendo realizadas, conforme aproxima a chave do alvo, emite um som contínuo, vocalizando "hummmmm"; aumenta o volume, faz uma pausa quando não acerta e volta ao volume normal para continuar as tentativas.

A respiração do bebê vai exercendo um papel complementar para sua atividade. Quando a chave está muito próxima do buraco da fechadura, o bebê prende a respiração e a solta quando empurra a chave. O corpo inteiro está na atividade de Miguel, e isso pode ser entendido como um liberdade motora:

> Liberdade motora significa permitir a criança, qualquer que seja sua idade, que descubra, prove, experimente, exercite, e logo, que mantenha ou abando-

ne, ao longo do tempo, todas as formas de movimento que ocorram durante sua atividade autônoma [...] a autonomia [...] é inerente a essa liberdade [...] e tem uma inegável influência sobre o desenvolvimento infantil em seu conjunto. (SZANTO-FEDER, 2011, p. 36).

Miguel manteve e abandonou as atividades durante todo o episódio, de acordo com seu interesse, fato que potencializou suas "investidas" em tantas atividades. Ao terminar sua atividade com a chave, engatinha até o móvel mais próximo e, apoiando-se, muda de ambiente na sala. Ademais, até o presente momento, é curioso notar que a ampla mobilidade de Miguel acontece por meio (i) da sua intenção sobre algo e, também, (ii) pelo fato de o menino utilizar o repertório e a estrutura motora que dispõe e que, por isso, é segura. Szanto-Feder (2011, p. 39) refere que "[...] isto constitui não só a própria maneira de mover-se, mas fundamentalmente sua própria maneira de ele ser no mundo nesse momento".

Refiro-me aqui ao fato de defendermos pedagogias em que as crianças possam atuar para conhecer e não conhecer para atuar. O conhecimento sobre si, sobre os outros e sobre o mundo se dá na relação ativa que a criança estabelece nas suas atuações no mundo.

Miguel, segurando-se, vai até uma pequena estante que abriga alguns brinquedos, com os quais as crianças daquele grupo costumam brincar de "casinha" ou "comidinha" (vale lembrar que aquela não é a sala-referência de Miguel).

O bebê observa os brinquedos e escolhe um garfo plástico para brincar. Nesse exato momento, o menino me olha e, a partir dessa ocasião, parece declarar que sabe sobre minha presença, convidando-me a participar de seus feitos ou buscando, por meio do olhar, um apoio na minha figura. Sobre esse aspecto, David e Appell (2010, p. 26), ao relatarem sobre o papel do adulto em Lóczy, afirmam que "[...] a criança percebe a presença do adulto e, por sua vez, o adulto está disponível para as manifestações da criança e pode responder a ela de forma adequada".

Pikler (2010a, p. 59) adverte que "[...] o efeito direto e modificador do adulto [...] foi banido", ou seja, seu papel não deve intervir diretamente sobre a criança, mas criar um ambiente favorável, seguro, adequado e "dar presença" a ele. O adulto "[...] está sempre próximo e os dois [adulto e criança] estão constantemente em um raio de escuta e visão mútua" (DAVID; APPELL, 2010, p. 26). Assim como, "[...] de vez em quando, reconhece a realização da criança e lhe ajuda a tomar consciência de seus avanços" (DAVID; APPELL, p. 25). Por isso, é importante refletir sobre os modos de intervenção, visto que a ação autônoma da criança está diretamente ligada à postura do adulto, uma vez que este:

- ao intervir diretamente, interrompe a atividade da criança e, com isso, desvia seu interesse (TARDOS, 2008b);
- ao anunciar resultados esperados sobre a atividade que a criança estiver realizando não permite que ela conclua algo por conta própria e cria o próprio marco a ser alcançado (SZANTO-FEDER, 2011);
- ao colocar a criança em uma posição na qual ela ainda não tenha controle, imobiliza-a (DAVID; APPELL, 2010; PIKLER, 2010a; TARDOS, 2008b).

A partir dos estudos de Pikler (2010b, p. 59), destacam-se as circunstâncias em que se deve intervir diretamente: "[...] quando a criança se encontra em uma situação difícil, quando existe uma disputa e quando se detecta sinais de cansaço ou de desagrado". Sobretudo, o que as autoras querem chamar a atenção é que a intervenção do adulto deve sempre se encaminhar para reestabelecer o bem-estar da criança, pois é por meio dessa motivação que a criança estará ativa para continuar suas descobertas.

Assim, se as atividades livres das crianças estiverem dependentes de alguma ação do adulto em que ela não possa iniciar suas ações por conta própria, cria-se uma "dependência artificial" (TARDOS, 2008a, p. 54) e, assim,

> Converte [a criança] em um incompetente, quando a distrai com brinquedos ou a incita a mover-se, a brincar, não só perturba a situação da autonomia, mas também cria uma artificialidade de dependência da criança que se converte como indispensável para ela.

Por isso, quando Miguel se manifestava em minha direção, procurava ficar atento para não criar expectativas sobre como agir, mas também me prontificava a ele, com o olhar, com algumas palavras, parando de fotografar, ou mesmo permanecendo em silêncio, mas em seu campo de visão.

Até esse momento, passaram-se, seguramente, mais de 45 minutos desde o início do episódio em que o bebê foi trocando de atividades e escolhendo as opções que o espaço e os materiais ofertados possibilitavam a ele. Essa variabilidade de atuações é característica da atividade livre, da ação autônoma da criança, segundo os estudos de Pikler (2010a).

O menino volta para a estante com brinquedos e imita gestos de quem faz comida. Coloca o garfo que havia escolhido em um pequeno recipiente e mexe diversas vezes, acompanhado de sons. Durante a brincadeira, por alguns minutos, fica equilibrado em pé sem nenhum apoio, uma vez que suas mãos estão ocupadas nas suas atuações. Szanto-Feder (2011, p. 41) destaca que "[...] o bebê não é diferente do adulto em se tratando de se preocupar com seu equilíbrio, naturalmente, se lhe são facilitados os meios, quer dizer, se em cada momento pode escolher sua postura por si mesmo".

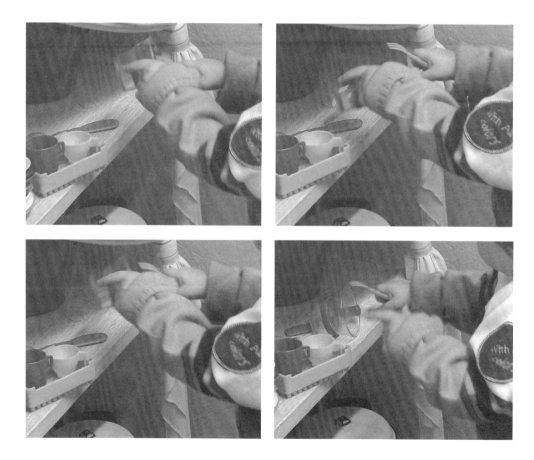

A autora ressalta, mais uma vez, a crença de que a criança é capaz de perceber seu corpo em relação ao contexto, ou seja, encontrar uma postura adequada para determinada ação, perceber o ponto de equilíbrio, ajustar-se nas trocas de posições. Tudo isso configura o universo de atividades livres que permitem a ação autônoma da criança.

Em consonância com isso, é interessante observar que, desde sua brincadeira com a bola verde no corredor da escola, suas tentativas de ficar em pé e equilibrar-se com ou sem apoio vão acontecendo espontaneamente.

Depois de um tempo, Miguel volta a utilizar uma das mãos para se apoiar e continua a mexer nas "panelinhas". Transfere de um recipiente para o outro, fazendo porções fictícias utilizando o garfo.

Continua a fazer seus deslocamentos apoiado nos móveis e vem em direção a outro móvel vazado, que divide os dois ambientes da sala.

Miguel solta o garfo no móvel e se interessa por um "João-bobo",[60] que está no local mais alto. Na ponta dos pés, ele se estica até conseguir alcançar o brinquedo. Eu me coloco do outro lado do móvel e me abaixo, observando e fotografando Miguel através de um dos escaninhos do móvel. Quando o bebê percebe o que estou fazendo e vê a câmera fotográfica que as crianças utilizam para brincar sobre o móvel, solta o brinquedo no chão e parece optar pela mesma atividade.

---

[60] Brinquedo plástico, inflável, que fica em pé e, quando empurrado, faz um movimento de ir até o chão e voltar para a posição vertical. Isso em função de um peso, geralmente de areia, na base do brinquedo.

> [...] a atividade espontânea surgida da própria iniciativa que a criança realiza livremente de maneira autônoma tem valor fundamental para seu desenvolvimento e deve ser para ela uma fonte de prazer incessantemente renovada. (DAVID; APPELL, 2010, p. 55).

O bebê me fotografa, espia pelo visor da máquina, sorri e, com uma piscada de olho, parece fazer o movimento do obturador da máquina fotográfica. Esconde-se atrás dela e volta a me espiar pelo outro lado da máquina. Essa brincadeira, uma atividade espontânea, que, ora parece ser um grande jogo de imitação sobre o que eu estou fazendo, ora parece ser a brincadeira do cuco – do revelar e ocultar – sem dúvidas, é um momento de prazer e descobertas tanto para Miguel quanto para mim.

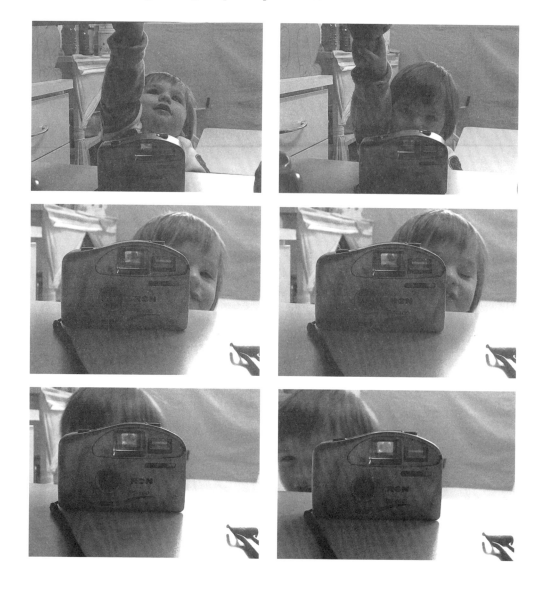

Depois de algumas "fotografadas" do bebê, o menino derruba a máquina fotográfica, empurrando-a em meu sentido, e retoma o "João-bobo". O intercâmbio das ações de Miguel, caracterizado como uma atividade espontânea, sinaliza o quanto se deve "[...] situar as crianças em circunstâncias adequadas para que descubram o prazer que podem desempenhar nas suas próprias atividades espontâneas" (DAVID; APPELL, 2010, p. 24).

A brincadeira segue com a retomada do "João-bobo", que Miguel tinha abandonado no chão. Quando ele muda de posição, eu acompanho e mudo a minha também. Fazendo sons, o menino bate com o brinquedo na cabeça e, ao fazer isso, sorri intensamente. Repete essa sequência diversas vezes, sempre apoiado com uma das mãos na mesa.

Os movimentos livres lhe permitirão, por meio de suas diferentes sensibilidades, recolher as informações mais exatas concernente ao movimento que está desenvolvendo, assim como as suas consequências. A qualidade dos movimentos e a necessidade dos movimentos do bebê se fundem assim na mesma liberdade. (SZANTO-FEDER, 2011, p. 37).

O trajeto de Miguel, totalmente independente, foi sempre guiado pelo seu ritmo e pela sua tomada de decisão. As mudanças de ambientes, as trocas de atividades, as posturas escolhidas em cada uma delas e as brincadeiras com os materiais com que o bebê teve contato demonstram a vasta gama de ações realizadas a partir do interesse do próprio bebê.

A meu ver, esse é um dos elementos que estabelece conexão entre o pensamento de Malaguzzi e Pikler, pois, para ambos os autores, a dimensão da criança ativa e capaz não pode ser argumento para que a sociedade interprete como mote de aceleração e antecipações, como é o caso das estimulações precoces realizadas com bebês. Mas, ao contrário disso, o que ambos demonstram em seus estudos é o quanto a criança pode iniciar seus percursos, empreender seus projetos e aprender com tudo isso sem que adultos a ensine diretamente. Essa é a verdadeira dimensão da criança capaz, e, uma vez clara essa ideia, compreendemos que se aposta também em um adulto atento e interessado em criar as condições satisfatórias para as crianças, essa é a sua importante intervenção.

Até então, Miguel fez todos seus deslocamentos se utilizando do engatinhar ou de apoios em paredes e móveis. Foi até o trocador e, agora, chegou na sua sala-referência. As atividades anteriores e as do cotidiano de Miguel constroem

"[...] as preliminares, as infraestruturas de sua motricidade 'acabada'; aquelas que lhe permitirão sentar-se e caminhar, coisa que fará depois com facilidade" (SZANTO-FEDER; TARDOS, 2011, p. 49, grifo do autor). Sendo assim, parece que, finalmente, chegou o grande momento da jornada do bebê.[61] Ao se firmar na cadeira, Miguel se solta e vai em direção à bola vermelha, dando alguns passos firmes, mas, ao parar, desequilibra-se e cai. Sua resposta a essa conquista: um grande sorriso. Do começo, com a bola verde, ao fim, com a bola vermelha, o conceito da atividade autônoma esteve presente, fez parte de conquistas distintas, no entanto, todas colaboram para o desenvolvimento integral do menino.

---

[61] É importante destacar que durante o percurso feito por Miguel transcorreram mais de 65 minutos.

Como desenvolvido ao longo do texto, para a pediatra húngara, essa ideia de ação autônoma relaciona-se com a liberdade de a criança iniciar os movimentos por conta própria e, enquanto as desenvolve, poder sentir-se feliz pelos resultados para continuar com confiança em si mesma. Que sejam "[...] donos dos seus gestos assim como de suas eleições" (SZANTO-FEDER, 2011, p. 38). Sobretudo, que as atuações livres façam parte do "[...] curso das atividades cotidianas das crianças [...] que constituem em todo momento parte de uma atividade espontânea, empreendida sem ajuda externa" (PIKLER, 2010a, p. 62).

Nesse sentido, encontro aspectos importantes para o adulto refletir, pois a dimensão do trabalho dessa autora implica na ruptura de um tempo de espera naturalizado sobre a vida da criança. Dessa forma, "[...] a criança passa uma parte de seu tempo esperando: esperando que alguém venha até ela, esperando que chegue o momento da atividade, esperando crescer para variar a atividade, esperando passivamente" (SZANTO-FEDER; TARDOS, 2011, p. 41).

Criar uma atmosfera que permita à criança aprender sobre sua autonomia requer a união de todas as ideias que perpassaram esse texto – atividade e movimento livres, atividade espontânea, variabilidade de posturas, atividades, ações, materiais, relação diferenciada com o adulto, atividades do cotidiano, entorno positivo – todo esse conjunto forma o estatuto para as ações autônomas de uma criança e, também, o protocolo de trabalho do professor.

Como conclusão da história narrada, Falk (2011, p. 27), a partir das palavras de Pikler, destaca que:

> [...] a criança que consegue algo por sua própria iniciativa e por seus próprios meios adquire uma classe de conhecimentos superior àquela que recebe a solução pronta e, também, que o não intervencionismo na atividade independente da criança não significa abandoná-la: algumas trocas de olhares, um comentário verbal, uma ajuda em caso de necessidade, o compartilhamento da alegria com quem está feliz, tudo isso indica à criança que ela é uma pessoa importante e querida.

O cenário apresentado, e munido dos argumentos teóricos, reforça o quanto a educação das crianças pequenas precisa transgredir e desnaturalizar o que, dadas as circunstâncias do contexto, aligeiradamente, instauraram-se como práticas pedagógicas. As interlocutoras de Pikler reforçam que:

> Trata-se de ir mais além de dizer: "a criança pode brincar sozinha e tirar proveito disso". A hipótese é esta: a atividade autônoma, escolhida e realizada pela criança – atividade originada de seu próprio desejo – é uma necessidade fundamental do ser humano desde seu nascimento. A motricidade em liberdade (segundo Pikler) e um ambiente rico e adequado que corresponda ao nível dessa atividade são duas condições *sine qua non* da satisfação dessa necessidade. (SZANTO-FEDER; TARDOS, 2011, p. 52, grifo das autoras).

Pensar no cotidiano como um ambiente de vida é preciso. Temos de considerar que as crianças, que passam boa parte dos seus dias dentro das instituições, são seres humanos aprendendo sobre o mundo e, com isso, aprendendo sobre as relações humanas e sobre si. Por isso, as condições criadas para elas e a forma como permitimos que atuem garantirão seu crescimento pleno.

Atividade e movimento livre
Ação autônoma
Segurança e equilíbrio
Postura

Mini-história
Lara compartilha desafios

Diferentemente do que muitos imaginam, os bebês gostam muito de desafios, especialmente aqueles que eles optam por se defrontar. Para eles, essa é uma forma de colocar em jogo suas habilidades e descobrir outras. A professora prepara a sala para que os bebês brinquem e explorem os objetos de forma variada. Lara, de 14 meses, e Carlos, de 13, organizam um percurso, a fim de descobrir suas capacidades motoras e, também, para experimentar emoções a serem compartilhadas.

Lara, livremente, vai descobrindo e percebendo como pode atuar sobre os blocos macios, ajustando sua postura à medida que se percebe segura e tranquila para a atividade. Carlos, de início, a observa de longe, mas, conforme a menina vai avançando em seus obstáculos, o menino vai se aproximando para assistir a ela de de perto.

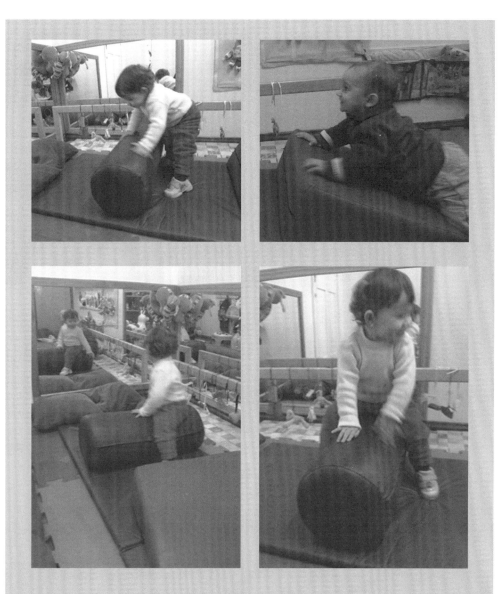

Ajustar-se sobre os módulos é uma forma que os bebês utilizaram para descobrir seu próprio corpo. A experiência nascida de seus repertórios, impulsionada pela atividade livre, faz Lara e Carlos compartilharem descobertas e aprendizagens. Lara demonstra o quanto é persistente em seus desafios; posicionar-se no rolo é, para ela, uma oportunidade de chegar a uma grande conquista, um alcance que ela vibra e compartilha com Carlos, que lhe assiste.

Ação de saber-fazer
Eureka! Descobertas de Carlos

Acompanhar um grupo de crianças pequenas com materiais não estruturados pode trazer muitas questões para serem refletidas sobre o trabalho pedagógico, mas, sobretudo, pode ser uma pauta de observação para o adulto sobre as crianças e a construção dos seus saberes. Ao mesmo tempo, do ponto de vista da dinâmica do trabalho pedagógico, esses materiais criam uma atmosfera em que a imprevisibilidade ocupa um espaço importante: não sabemos o que as crianças farão e que sentidos darão para eles naquele espaço com as outras crianças. O que sabemos é que "todas as crianças nascem predispostas a experimentar emoções e prontas para aprender" (SHONKOFF; PHILLIPS, 2001 *apud* LALLY, 2003, p. 15).[62]

Entre os vários e importantes processos de investigação que tive a oportunidade de presenciar, em uma tarde de junho, em uma sessão inspirada no brincar heurístico, quando o sol invernal aquecia a serra, escolhi o episódio de Carlos, 14 meses, visto que, de alguma forma, sintetiza muitos momentos documentados durante o percurso dessa investigação. Estes imprimiram uma característica latente, na qual as crianças parecem ter intenções sobre o que pretendem fazer e, motivadas por essas intenções, gostam de pôr em jogo seus repertórios.

A partir de leituras sobre o brincar heurístico (GOLDSCHMIED; JACKSON, 2007; MAJEM; ÒDENA, 2010; ÒDENA, 1995; PANIAGUA; PALACIOS, 2007) e em virtude das anotações em meu caderno de viagem de estudos com o professor Alfredo Hoyuelos, em Pamplona, na Espanha, momento em que participei da documentação de algumas sessões dessa abordagem de brincadeira, comecei a fazer algumas aproximações com as ideias que Bruner (1983, 1995) e Musatti e Mayer (2002) tecem a respeito da construção de conhecimento das crianças pequenas.

O brincar heurístico é definido por Goldschmied e Jackson (2007, p. 147-148) como uma atividade que

> [...] envolve oferecer a um grupo de crianças, por um determinado período e em um ambiente controlado, uma grande quantidade de tipos diferentes de objetos e receptáculos,[63] com os quais elas brincam livremente e sem a intervenção de adultos. [...] A observação de crianças dessa idade lembra a antiga história de Arquimedes no banho. Quando descobriu a lei de deslocamento da água devido ao volume do seu corpo, diz-se que ele saltou de dentro da banheira gritando exultante: "Eureka – encontrei!". A palavra grega *eurisko*, da qual é derivada nossa palavra "heurístico", significa "serve para descobrir ou alcançar a compreensão de algo".

---

[62] Essa frase é a epígrafe do prefácio do livro *Il nido per una cultura dell'infanzia* (GANDINI; MANTOVANI; EDWARDS, 2003).

[63] O termo "receptáculos" é utilizado para indicar pequenos recipientes que acompanham o brincar. Para Majem e Òdena (2010, p.42), "[...] os recipientes são materiais com características que os fazem suscetíveis de conter outros objetos. Necessitam ser côncavos, sólidos, duradouros e fáceis de manejar pelos meninos e meninas".

Nesse sentido, acredito que esse tipo de descoberta sobre os objetos coloca a criança em um papel central, fato que potencializa sua aprendizagem, e ocorre por meio (i) da sua ação de poder iniciar a investigação sobre os materiais, (ii) dos "conflitos" causados pelos materiais durante as tentativas de combinações feitas entre eles e/ou com os receptáculos, (iii) do prazer do êxito ao efetivar soluções nas combinações, (iv) da relação física com as propriedades do material disponível, (v) da escolha de posturas para as atuações com o material e, com isso, (vi) tendo um papel importante na concentração das crianças.

Os aspectos listados são tanto decorrentes do brincar heurístico quanto balizadores de argumentos sobre a competência da criança para a brincadeira, ou seja, são a base e o resultado da atividade. É importante destacar que a natureza dessa brincadeira permite que a criança vá descobrindo sobre o mundo por meio da ação, o que, tomando a expressão de Dewey (2010a, p. 83), é a qualidade máxima da experiência, pois envolve uma "[...] troca ativa e alerta com o mundo; em seu auge, significa uma interpretação completa entre o eu e o mundo dos objetos e dos acontecimentos".

Essa brincadeira, que potencializa a ação espontânea da criança, abre um espaço para a exploração de objetos diferentes de brinquedos industrializados, assim como para a criação de combinações entre eles. Além disso, dadas as características de organização dessa brincadeira (espaço reservado, grupo pequeno de crianças, quantidade suficiente de materiais e receptáculos e sem intervenção direta adulta), o nível de concentração em sua própria atividade costuma ser bastante elevado, decorrente, muito provavelmente, da "[...] atmosfera de calma e de silêncio" (MAJEM; ÒDENA, 2010, p. 66) que deve ser proporcionada.

Nesse sentido, encontro, aqui, elementos importantes para serem considerados pelo professor, pois, como se pode perceber, a oferta de materiais que possibilitam que as crianças escolham as suas investigações torna possível que as ações, como as que estão sendo narradas, aconteçam, assim como tantas outras. Tonucci (2008, p. 11) refere que, por material, podemos entender "[...] tudo aquilo com que se faz algo, que serve para produzir, para inventar, para construir". O autor nos ajuda a pensar que a ideia de material ofertada para criança vai muito além de brinquedos ou dos materiais didáticos, "deveríamos falar de tudo o que nos rodeia, desde a água até a terra, das pedras aos animais, do corpo às palavras... 'incluindo as plantas e as nuvens'" (TONUCCI, 2008, p. 11, grifo do autor).

A ação das crianças com os materiais parece, exatamente, ser sempre o início para inventar, produzir, fazer algo inimaginável e surpreendente, muitas vezes, com aquilo que faz parte do cotidiano. Na história, esse tema fica evidente com as ações de Carlos, o que vale dizer que o tópico em questão é um dos elementos que o professor deve considerar ao refletir sobre sua prática de trabalho.

A partir disso, acredito que o brincar heurístico possa ser um grande passo na estruturação do pensamento da criança, e é Bruner (1983, p. 87) que alerta a respeito disso, ao tratar do que ele chamou de *saber-fazer*, pois "[...] a organização de um saber-fazer precoce requer intenção, definição de um objetivo final e indicação mínima de meios". Isso significa que o ato intencional desencadeia esquemas de ação do bebê. Com isso, o autor chama a atenção para "[...] três temas básicos [que são] a intenção, a informação, e os esquemas de ação, que preveem a mediação entre o primeiro e o segundo" (BRUNER, 1983, p. 88). Tais temas serão abordados ao longo desta história.

Ao se interessar por investigar crianças pequenas, em especial, por descobrir como aprendem e como adquirem a linguagem, o autor, ao elaborar sua tese sobre as estruturas cognitivas das crianças pequenas, na qual dá um valor muito grande para as ações, para a linguagem e também para sua forma de aprender o mundo, formula a ideia de que "[...] não importa discutir muito em que medida a intenção de chegar a um fim é mais ou menos consciente. O que é preciso entender, de início, é que um *saber-fazer* começa a se desenvolver cada vez que uma criança 'decide' realizar um projeto" (BRUNER, 1983, p. 88).

O fato de a criança poder realizar seus projetos por meio de sua decisão faz ela encontrar uma forma pessoal de estruturar e organizar as informações sobre o mundo. Bruner nomeia de "saber-fazer" as primeiras ações intencionais do bebê (KISHIMOTO, 2007; MILOT, 1983) e, à luz desse conceito, essa categoria será refletida e ampliada à discussão.

A história protagonizada por Carlos, que começa e termina na janela acontece em uma tarde de brincadeira heurística. O menino, que olha através da janela como se quisesse atravessá-la, avista um horizonte conhecido e frequentemente visitado por ele e seus colegas: o pátio da escola. Na impossibilidade real e física do ato naquele momento, Carlos opta por explorar os materiais disponíveis na sala e, ali, começa o jogo.

Um cano de papelão é um material que pode gerar muitas investigações para as crianças que estão empenhadas em aprender. Carlos, depois de alguns minutos experimentando o objeto no chão, olha para a janela e decide explorar o material naquele lugar, para experimentar novas formas de usá-lo. Fato que não só abre portas para sua imaginação como também é o princípio de toda a aprendizagem (LALLY, 2003).

A partir da intenção de Carlos, começa o saber-fazer, que, segundo Bruner (1983 *apud* MILOT, 1983, p. 68), "[...] todo saber não parece se desenvolver com eficácia senão a partir do momento em que a criança tem a intenção de chegar a um objetivo utilizando-se, para isso, de alguns meios".

Os argumentos do autor parecem ser produtivos para a reflexão acerca das ações dos bebês, visto que toda noção a respeito do saber-fazer nasce do pressuposto da intenção da criança em realizar algo. Da mesma forma, parece fazer sentido em relaçao às ideias da "ação autônoma" e da "ação de comunicar" abordadas nas histórias anteriores, havendo aproximação entre como o bebê aprende a ser autônomo, estrutura seu pensamento e entra em linguagens. Partindo dos autores que compõem este estudo, a ação da criança é o eixo central e desencadeador desses processos, pois significa o início de algo, o que, em contrapartida, implica criar uma pedagogia que, nas vias de fato, compreenda

> [...] que as crianças não aprendem automaticamente a partir de uma relação linear de causa-efeito entre os processos de ensino e os resultados, mas em grande parte, a aprendizagem decorre a partir das próprias crianças, das suas atividades e dos recursos que têm. (MALAGUZZI, 1999b, p. 69).

Carlos leva o cano de papelão até a janela e, através de uma de suas aberturas, empurra-o para fora, de modo a mantê-lo preso pela sua mão. Através da transparência colorida do vidro, observa o cano de papelão do outro lado. Puxa de volta para dentro e, com algumas ações muito peculiares, parece estar comparando a extensão do cano em relação à janela e ao seu corpo. O que o bebê faz supõe uma verificação das informações que, naquele momento, tem à disposição sobre o cano de papelão.

O menino volta a repetir essa atividade de colocar o cano pela janela, mantendo-o preso e trazendo-o de volta. A respeito dessa repetição, Musatti e Mayer (2002, p. 198) comentam, à luz de uma pesquisa realizada, que

> [...] bebês e crianças pequenas procedem em suas explorações, consolidando suas descobertas passo a passo, por exemplo, pela repetição até mesmo das atividades mais simples, e apresentando mais ou menos sistematicamente elementos novos para substituir ou acrescentá-los a elementos já compreendidos.

Junto a esse aspecto da repetição e dos elementos que decorrem dela, a cena mostra que os esquemas de ação de Carlos se deram por meio da coordenação "mão-olho-objeto" (GOLDSCHMIED; JACKSON, 2007, p. 148), que é muito semelhante à tríade "mão-olho-cérebro", da qual Bruner (1983 *apud* KISHIMOTO, 2002, p. 145) argumenta sobre o saber-fazer dos bebês. A precisão que Carlos vai construindo no manejo do objeto que está explorando em relação à janela, e com o "problema" que isso causa a ele, demonstra o esforço do bebê em compreender como alcança sua suposta intenção, assim como que atuações deverá fazer para reorganizar a situação sempre que um imprevisto aparecer. Isso se dará, segundo Bruner (1983), por meio dessa coordenação "mão-olho-cérebro", incitada pela intenção da criança, ou seja, ele observa, experimenta e viabiliza as ações.

Todos esses elementos que a própria criança vai inserindo sobre sua atuação são modificações que provocam estratégias e soluções diferentes para sua atividade.

Com isso, sou levado a concordar com Bruner (1995, p. 28) de que as "[...] ações infantis mostram um surpreendente alto grau de ordem e sistematicidade", ou seja, a ação compositiva que a criança realiza entre sua atuação, o objeto e o espaço – seriando, organizando, ajustando, criando espécies de "colaborações" ou encaixes entre os objetos – parece indicar a "ordem" de seu pensamento, de suas ações, e isso vai acontecendo à medida que ela mesma produz, durante sua investigação, as repetições da sua brincadeira.

Vale destacar a potência dos materiais que permitem ser modificados, que ganham um valor muito grande "[...] nas mãos de uma criança que vive em um ambiente onde inventar é lícito e desejável" (TONUCCI, 2008, p. 11). A repetição da atividade também pode ser alterada quando o próprio espaço ou material coloca o bebê em uma situação distinta daquela em que ele estava. Foi o que aconteceu com Carlos durante a brincadeira que havia criado (colocar o cano na janela e tirá-lo de lá quando, em certo momento, foi surpreendido pelo cano de papel que ficou preso, interrompendo o fluxo que havia criado – uma nova informação chega à brincadeira do menino.

Sua primeira atitude foi buscar o auxílio de um adulto, o que, muito possivelmente, interromperia sua atuação, solucionando o problema. Devido aos momentos de contraste previstos na metodologia com a qual a professora e eu vínhamos discutindo sobre encontrar uma "medida" na intervenção direta do adulto, sua postura, diante da situação, fez ela aguardar, mantendo-se apenas na visão de Carlos e lançando o comentário "o que aconteceu, Carlos, teu brinquedo ficou preso? O que tu vais fazer?", e sorriu. Imediatamente, o menino volta sua atenção

para o objeto e retoma a investigação para resolver "o problema do cano que travou".

É importante sublinhar que, em diversas ocasiões, pude observar bebês atuando sobre os espaços e os materiais de uma forma surpreendente. O fato de existir um tempo de "silêncio" por parte do adulto proporcionava o interesse e um contexto potente para a criança engajar-se ou continuar engajada com a atividade. Como discutido, é importante o adulto compreender que, por exemplo, se o cano sair ou não da janela, naquele momento, não interessa e, sim, as ações que Carlos irá fazer para resolver, seja qual for a solução.

Tal ação convoca o adulto a recuar e, metaforicamente, fazer silêncio, não no sentido literal de não falar, mas no exercício de aguardar e medir as palavras enunciadas, pois precisamos guardar a palavra para também guardar o excesso da intervenção. Até porque, como já argumentam Musatti e Mayer (2002, p. 198),

> [...] nos primeiros anos de vida, as crianças estão profundamente engajadas em sua tentativa de organizar o mundo que as rodeia. Elas estão comprometidas em identificar e verificar as relações de similaridade e diferença entre os objetos, as relações espaciais e os efeitos de uma reação realizada com um objeto sobre a localização e a identidade de outros objetos.

Mas, para que esse "empenho" possa ocorrer, o adulto precisa permitir que a criança tenha o tempo necessário e subsidiá-la no que for indispensável. Nesse aspecto, acredito que encontro outro elemento importante a ser acrescentado no protocolo de trabalho docente: a organização do grupo. Para o professor conseguir atender a demanda dos bebês e, em especial, garantir que possam se empenhar nos usos dos espaços e dos materiais de forma intensa e que lhes seja assegurado o devido tempo, é fundamental refletir sobre a organização do grupo, configurando um entorno positivo, sobretudo, para que o professor possa intervir de forma consciente, dando presença e garantindo espaço para as atuações das crianças.

Embora a educação infantil tenha a peculiar característica de, na maioria das realidades, ter uma dupla pedagógica – chamada de auxiliar, apoio, atendente, cuidadora, educadora – o trabalho continua sendo sempre realizado com dois ou mais adultos e todo o grupo de crianças sempre juntos.

Isso implica uma dificuldade para o professor conseguir acompanhar as crianças nos seus processos, acabando sempre por ocupar um papel de "vigia e controle". Ademais, cria-se um obstáculo nos aspectos até então levantados sobre o papel do adulto, especialmente no que tange à intervenção, pois ela acaba sendo prejudicada pelo número de crianças.

Bondioli (2003, p. 59) tem se ocupado do tema da organização do grupo, chamado por ela de *regência do jogo social*, entendida como "[...] a trama que regula a partitura das diversas situações que orbitam o dia a dia infantil". Assim, os estudos de Bondioli (2003, p. 61) apontam para um aspecto muito interessante em se tratando das experiências das crianças nos contextos de vida coletiva:

> O processo pelo qual as crianças aprendem as regras de convivência comunitária é fortemente influenciado pelo modo como o adulto, que tem as tarefas de regência educativa, prepara e governa a variada gama de situações sociais que distinguem a vida na instituição: situações de coletividade ampliada, situações de socialização restrita, situações nas quais o pequeno é convidado a cooperar com outros, situações nas quais podem escolher com quem e como interagir, situações nas quais o contato com o adulto é mais urgente, outras nas quais o adulto se coloca "a distância", constituem oportunidades para aprender o "jogo de sociedade".

Portanto, a reflexão acerca do mote da organização do grupo implica questões profundas da vida do bebê, pois "[...] o pequeno socializa-se exatamente à medida que participa dos diversos jogos sociais que caracterizam os contextos e as situações nas quais se encontra envolvido" (BONDIOLI, 2003, p. 61). Assim, se as situações que os bebês vivem em seu dia a dia da creche são de controle, com um adulto dizendo o tempo inteiro o que ele deve fazer, estamos socializando-o de um modo.

No entanto, se criarmos situações para que possa escolher e verificar as consequências de suas escolhas, que tenham tempo para atuar nos espaços e com os materiais disponibilizados com um grupo que, ao mesmo tempo, lhe causa desafio, pela natureza de estar entre pares, mas também lhe permite atuar sozinho, certamente, estamos socializando esse bebê de outro modo. Ao criarmos as condições do segundo modo descrito, estamos educando para a autonomia, para um processo mais saudável e mais participativo da vida, menos mecanizado e menos passivo.

No caso desta pesquisa, experimentamos, na sessão de jogo heurístico, levar para um espaço reservado apenas um grupo de bebês. Eles foram acompanhados pela professora; os demais, naquele momento, ficaram na sala junto à auxiliar. As possibilidades narradas nesta história certamente advêm desse fator de regência social. Diante disso, poder se afastar de Carlos, observando suas atuações, é fato que ocorre pela possibilidade de a professora estar com um grupo reduzido de crianças e em um espaço e tempo satisfatório.

Por tudo isso, foi possível observar o quanto Carlos se empenhou para desprender o cano da janela, tanto o fez que, ao tirá-lo, decidiu soltá-lo pelo lado de fora, deixando-o cair. As discussões travadas até o momento apontam para mais uma das características indicadas por Bruner (1983) sobre o saber-fazer da criança, em que o autor chama a atenção para a constante avaliação e adequação que as crianças fazem sobre a atividade que estiverem realizando.

> É a intenção que, no decorrer da realização do projeto, provoca a análise e a avaliação quanto à pertinência dos gestos realizados, portanto, a avaliação da eficácia dos meios escolhidos. Esta atividade de auto-regulação é fundamental para perseguir um objetivo. (BRUNER *apud* MILOT, 1983, p. 68).

Em outras palavras, o interesse e a motivação da criança de continuar ou abandonar a atividade, bem como resolver as situações que nascem da atuação com os objetos, são aspectos centrais no que se refere à aprendizagem. O que não quer dizer que o adulto que acompanha a criança não desempenhe mais nenhum papel, ao contrário, a consciência do lugar que ele ocupa reside em acompanhar a forma como as crianças se empenham nas atuações, assegurar que elas estejam seguras – prestando atenção aos excessos de proteção, é claro –, e retroalimentar as atividades (MALAGUZZI, 1995b).

Aqui, mais uma vez, para retroalimentar as atividades das crianças, é preciso que o professor esteja atento aos projetos que cada criança ou grupo de crianças esteja empreendendo.

O termo "retroalimentar", muito utilizado por Malaguzzi (1995b), indica o quanto ele reivindicava que o adulto estivesse atento para garantir que aquilo que as crianças estivessem realizando tivesse todo o aparato necessário. No entanto, destaca-se que retroalimentar não significa indicar o que a criança deve fazer, mas, sim, ofertar condições para que ela continue seus próprios empreendimentos.

A mudança no rumo da brincadeira foi aprovada! Carlos agora procura outros objetos para jogar pela janela. Encontra uma esponja, um pedaço de tecido, um novelo de lã, uma caixa de papel, e tudo rapidamente é jogado para fora. Como destaca Bruner (1983 *apud* MILOT, 1983, p. 68), "é em função da intenção e a partir dela que o sujeito se coloca em movimento para rapidamente selecionar, entre todas as informações disponíveis, aquelas que poderão ser úteis à realização do projeto".

No cenário em que Carlos está, os objetos que estão à disposição para que as crianças explorem são diversos. O saber-fazer do bebê seleciona alguns objetos para verificar quais são aqueles que passarão pela janela. A intenção de Carlos faz "a eleição da informação".

Depois de muitos objetos escolhidos para a brincadeira de Carlos, o bebê encontra um pequeno frasco de vidro e vai rumo à janela para jogar. Nesse momento, em virtude da segurança, eu interrompo a atividade e fecho a janela antes que ele chegue até ela, pois, caso ele jogasse, poderia machucar alguém que estivesse no pátio. Para não interromper a brincadeira do menino novamente, nos certificamos de que ninguém estaria no pátio e isolamos a área.

Carlos vai até a janela e, parado em frente, observa que está fechada. Tenta colocar o frasco para fora, mas não consegue. Fica parado por algum tempo. Enquanto isso, observando a cena, imagino que ele mudará de atividade e, quando me movimento para ir até a janela e abri-la novamente, o menino solta o vidro no chão e vai rumo a outros objetos.

> Um só ato, como jogar, se aplica sucessivamente a um amplo campo de objetos. Jogando tudo aquilo sobre o qual a criança pode colocar nas suas mãos. A criança experimenta num só objeto todas as rotinas motoras do qual é capaz: agarrar o objeto, jogar, atirá-lo ao chão, colocar na boca, colocar sobre sua cabeça, fazendo acontecer todo o repertório. (BRUNER, 1995, p. 29).

Carlos mantém sua decisão de continuar a brincadeira de jogar objetos pela janela e segue, como registra Bruner (1995), repetindo sucessivamente o que, há pouco, descobriu.

O objeto seguinte escolhido por Carlos é uma pequena bola, e, curiosamente, ele vai até a janela que eu havia fechado, tenta empurrar a bola para fora e, não conseguindo, vai para a janela ao lado. Com o objeto seguinte, uma colher, faz o mesmo: primeiro, tenta na janela fechada e, em seguida, vai naquela que está aberta. Aqui, é mais um exemplo do aspecto apontado por Bruner (1983) sobre mão-olho-cérebro, em que o bebê experimenta suas hipóteses, age sobre o material e sobre o espaço, para concluir a respeito do espaço.

Ao jogar a colher, ela fica presa na janela e não cai. Carlos percebe através da transparência do vidro e utiliza os dedos para empurrar até notar que a colher não se encontra mais ali. Bruner (1995, p. 31) destaca que "[...] o mundo das crianças, longe de ser uma brilhante confusão, está muito organizado", e, segundo minha percepção, essa organização se dá por meio da atuação dela própria e dos adultos que a acompanham, cada um com funções diferentes.

A função da criança é viver a experiência (seja uma brincadeira, seja outra situação qualquer); a do adulto, é criar condições para a experiência. A experiência que Carlos está vivendo é de uma complexidade muito grande, e o fato de ele estar "inteiro" e movido pela suas "intenções" também faz com que vá criando estratégias (esquemas de ações), bem como as modifique, quando necessário.

> É igualmente a partir desta intenção que o sujeito faz uma antecipação, não somente dos gestos a realizar, mas também de sua distribuição em uma dada sequência. Dizendo de outro modo, é a partir da intenção que tanto a criança, como o adulto, imaginam o caminho a percorrer para chegar a seus fins. (BRUNER *apud* MILOT, 1983, p. 68).

Na continuidade da brincadeira, acontece outro evento que chama a atenção do menino. Ao jogar um recipiente metálico, quando chegou ao chão, fez um barulho muito forte, que Carlos ouviu. Essa é uma nova informação para ele: os objetos fazem barulho. A partir daí, o menino, ao jogar os objetos, criou uma espécie de protocolo: (i) olha para um objeto; (ii) vai até ele para pegar, (iii) joga pela janela, (iv) observa se o objeto não fica parado no vidro e (v) espera para ouvir o barulho. Por isso, diz Bruner (1983 *apud* MILOT, 1983, p. 69): "[...] o sujeito pode não somente avaliar o resultado obtido ao fim de um projeto, mas igualmente extrair desse resultado informações que lhe permitam construir um novo cenário, suscetível de ser mais exitoso [eficaz] se o projeto é repetido".

O cenário de ações que Carlos vai criando e recriando constantemente traduz o saber-fazer do bebê. Além disso, demonstra que suas atuações não são apenas resultado de reflexos do tipo causa-efeito, mas, pelo contrário – é essa a grande contribuição que esse conceito de Bruner pode trazer –, acontecem a partir do momento em que a criança toma a decisão de fazer algo e o faz.

Depois de muitas hipóteses sobre o que passa pela janela e os resultados conquistados com os objetos escolhidos, quando a brincadeira parece estar chegando ao fim, Carlos decide testar algo maior e escolhe um pequeno banco para jogar pela janela. O menino vai descobrindo sobre o peso diferenciado desse novo objeto. Em consequência disso, as duas mãos terão de entrar em jogo. Carlos vai experimentando toda a topologia do banco nas suas tentativas de colocá-lo para o lado de fora. As variações que Carlos realiza com o objeto parecem ressoar nas suas posturas corporais.

Vale lembrar que todas essas experiências, como já diz Dewey (2010b), farão parte de novas experiências, servirão como base para as futuras oportunidades que esse bebê experimentar. Desse modo, todas as descobertas vividas por Carlos, sobre a forma, o peso, as texturas, enfim, tudo o que estiver compondo o repertório de suas atividades é o processo e o conteúdo de suas aprendizagens de agora e das que virão.

Ao mesmo tempo, sou novamente levado a concordar com Bruner (1995, p. 30), pois o autor diz que "o bebê faz muito a partir de muito pouco", ou seja, entendo que as explorações que o bebê faz para conhecer o mundo nascem a partir de um repertório ainda muito pequeno, mas que as possibilidades de novas combinações, relações e estratégias particulares criadas tornam "muitas" as aprendizagens para ele.

Por fim, a ação de saber-fazer de Carlos demonstra a capacidade que os bebês têm para investigar e criar hipóteses sobre suas atuações. Dessa maneira, é evidente que não são frutos do acaso, mas, pelo contrário, estão ligadas a uma finalidade, ou seja, têm uma intenção, e, a partir dela, o bebê vai escolhendo as informações para alcançar seus objetivos, criando os esquemas de ações para tal.

Carlos começou sua brincadeira na janela e termina nela também. Como Arquimedes, o bebê faz uma grande descoberta: "Eureka! O banco não passa!".

Descobrir
Pensamento
Esquemas de ação
Intenção
Ação de saber-fazer

Mini-história
A surpresa de Lucas

Lucas, de 10 meses, começava a fazer seus primeiros ensaios para ficar em pé, apoiando-se sobre algo, mas, sem dúvida, estar deitado ou sentado ainda era a posição mais confortável para ele. Depois de algum tempo brincando com pelúcias sentado no chão, o bebê decide colocá-las no painel fixado na parede junto às demais pelúcias. A intenção de Lucas o motiva a ficar em pé e descobrir como é possível fazer essa experiência acontecer. Esse desejo de alcançar o painel parece fazer com que o bebê também encontre formas para poder ficar em pé.

Lucas vai investigando o coelho de pelúcia que tem na mão. Atentamente, descobre a pelúcia como se verificasse a aderência para a fixação perfeita. Em seguida, o bebê toca na abelha que já está fixada no painel e escorrega os dedos por ela, parecendo investigar se a pele do coelho é semelhante à da abelha. Para confirmar, leva o coelho próximo à abelha e deixa ao lado, enquanto observa os dois.

A atenção e o interesse de Lucas subvertem qualquer teoria que duvide que um bebê possa ter intenção de fazer algo. Sem dúvidas, o saber-fazer do menino o envolve nesse projeto. Certificado da possibilidade, sem titubear, Lucas leva o coelho branco até a fita de velcro branca do painel e descobre que o coelho também fixou.

Essa foi uma brincadeira complexa em que Lucas experimentou, descobriu e desfrutou a surpresa de alcançar seu desejo.

Depois das conversas escritas, propondo novas conversas

A escrita deste livro deu-se em torno da partilha de um propósito já anunciado de antemão: contribuir para os estudos das pedagogias para a pequena infância. Ao me perguntar sobre as ações dos bebês nos contextos de vida coletiva, escolhê-los como companheiros da minha pesquisa, receber a acolhida da professora e de sua auxiliar, assim como conversar com as interlocuções teóricas produzidas ao longo do trabalho, percebo que os aspectos descritos foram elementos que considero estruturantes desse percurso.

Para além das conclusões que logo tratarei de expor, devo dizer que este estudo me serviu como um importante "andaime" em relação ao conhecimento e ao desejo de me aprofundar mais em alguns autores e conceitos. Em virtude disso, durante a escrita, e mesmo no momento de fazer esta conclusão, percebi a potência que alguns trechos do trabalho, algumas obras e alguns autores produziam e, daqui, tenho certeza de que está aberta a possibilidade de ampliação deste trabalho a ser realizado em oportunidades futuras.

Sobretudo, acredito que, em se tratando do campo de estudos em que me situo, torna-se crucial a produção de novas pesquisas e reflexões sobre o cotidiano de bebês em contextos de vida coletiva, dada a sua complexidade. Ainda que já se tenha certo conhecimento acumulado, a insuficiência de estudos nessa área – em especial aqueles que possam produzir e alcançar professores, coordenadores pedagógicos e gestores educacionais, que, diariamente, estão mergulhados em escolas de educação infantil, à procura de meios que possam auxiliá-los a refletir sobre a chegada dos bebês na esfera pública e a enfrentar a difícil trama em que esse contexto é tecido – levou-me a esta investigação.

Nesse sentido, não se trata da produção de uma pesquisa que seja compreendida como manual, mas sim da conjugação daquilo que compõe "[...] a essência da pedagogia na sua expressão por nós considerada mais nobre, que reside na integração das crenças e dos saberes, da teoria e da prática, da ação e dos valores" (OLIVEIRA-FORMOSINHO, 2007, p. 18). Trata-se de, a partir dessa experiência, contribuir para a reflexão e a formulação de conceitos em tantas outras experiências educativas. Por isso, as conclusões aqui evidenciadas não atendem à dimensão temporal das formulações que seriam necessárias para responder às questões propostas para este trabalho e, nesse sentido, tentei organizar estes epílogos, resgatando aspectos importantes anunciados ao longo dos capítulos para que pudessem, além de produzir uma síntese, dar conta de fazer um "fechamento" sobre alguns pontos em especial.

De imediato, gostaria de trazer um tópico referente à abordagem da documentação pedagógica, em virtude da interlocução teórica e metodológica utilizada, pois aponta para um aspecto importante e estruturador desta conclusão. A abordagem que neste estudo foi utilizada como metodologia reúne elementos potentes para o trabalho pedagógico, assim como para a realização de pesquisas na área.

Como foi visto, pela especificidade dessa abordagem, perguntar-se sobre as demandas da prática pedagógica, da ação docente e sobre a criança gera a produção de um conhecimento dinâmico e atualizado sobre esses temas questionados. A documentação pedagógica, como abordagem pedagógica e caminhos metodológicos, trata-se de maneiras de fazer história, pois, conforme Hoyuelos (2006, p. 209, grifo nosso),

> Fazer história não é um mero fazer crônica, é algo distinto, é projetar "nos fatos" e na estrutura da trama. Os diversos projetos, documentados visualmente, narram tramas históricas, que são a essência da compreensão e do sentido do ser humano.

Acredito que a história pedagógica ocorra pela interconexão que é possível realizar entre a prática e o conhecimento teórico já acumulado a respeito de um determinado assunto, mas, também, motivada pelos valores e as crenças que temos a respeito disso, ou seja, pela imagem que temos sobre as crianças, o professor e a escola. Assim, compreendo que este trabalho tenha sido um instrumento poderoso na atualização e na transformação de como concebemos esses temas (criança, professor e escola), uma vez que, a partir da função principal dessa abordagem (tornar visíveis as imagens da criança e do adulto, e – a partir dessas duas imagens – revelar a imagem da escola, que é, neste estudo, também, entendida como a imagem da pedagogia), foi possível responder às perguntas-guias desta pesquisa.

A partir do cruzamento dos dados gerados no campo de pesquisa e ao produzir as histórias narradas e mini-histórias dos bebês, à luz de um campo de conhecimento e de interlocutores teóricos, compartilhei a imagem de criança que comungo neste estudo, bem como os frutos dos contrastes realizados com a professora. Assim, com minha inserção nesse contexto, visualizamos, a docente em questão e eu, de que forma sua prática pedagógica foi problematizada ou se é possível ser problematizada, tendo como ponto de partida as ações dos bebês, bem como indicando alguns princípios diante desse cenário e que, nesse momento, à guisa de conclusão, remonto para refletir a imagem da pedagogia.

Em momentos com pouca, às vezes nenhuma, intervenção direta do adulto, percebi que os bebês também são capazes de aprender a partir de si próprios, ou seja, as ações, quando iniciadas por meio de seus interesses, implicam a conjugação de muitos fatores já explicitados, mas existe um deles que me parece ter sido o eixo central e propulsor de todos os outros: a intenção.

Nesse sentido, Caio se comunicou com Lara Cristina movido pela intenção de alcançá-la e contatá-la por meio do toque. Ele buscou o olhar de Lara Cristina mobilizado por esse desejo que, independentemente do grau de consciência, o fez intencionado a isso. Da mesma forma, durante todo o percurso de Miguel, todas as atuações e, sobretudo, as tentativas de dar seus primeiros passos estavam atravessadas pela intenção em realizá-los. Brincar e utilizar os diferentes espaços e materiais, deslocar-se da maneira que foi possível – tudo parecia estar organizado e ajustado pela intenção de Miguel em fazê-lo.

Não há dúvidas de que Carlos experimentou, desde o cano de papelão até o banco, descobrir a respeito do que atravessava ou não a janela, pela sua decisão ou pela intenção em descobrir novas informações sobre aquelas situações. Também não foi diferente enquanto João Pedro "conversava" consigo mesmo no espelho e, depois, por meio do reflexo, tinha a intenção de conversar comigo, que o observava atrás da câmera fotográfica; enquanto Lara realizava suas descobertas nos módulos emborrachados com intenção de mostrá-las a Carlos, que, por sua vez, posicionava-se a observar a menina; enquanto Lucas investigava sobre a "disposição" do painel com a intenção de fixar a pelúcia.

Todos esses são exemplos que demonstram o quanto as ações das crianças demarcam um processo inaugural de aprendizagem e relação com o mundo. Apontam, ainda, que a forma de aprender, quando apoiada pela decisão e iniciativa, consegue agregar fatores cruciais para o êxito dessa aprendizagem, como os meios que os bebês utilizam para resolver ou realizar algo, avaliando e adequando, conforme percebem necessidade; os ajustes corporais que adotam para encontrar maior segurança e equilíbrio; o tempo que empreendem, geralmente, muito mais concentrados do que se possa imaginar; a permanência e o abandono em uma determinada situação; o conjunto de emoções que experimentam e como lidam com eles; os conceitos que formulam e como os utilizam nas experiências futuras; a confiança que adquirem para avançar em novas conquistas; o desejo de alcançar o outro, demonstrando seu caráter social e relacional e a consciência que têm do outro.

Esses e tantos outros são elementos que, conforme apresentado ao longo deste livro, demonstram uma enorme capacidade que os bebês têm para realizar e empreender suas atividades e que, quando conseguem fazer dessa forma, parece ser bastante produtivo para eles, pois descobrem, a partir de seu próprio ritmo, a surpresa de uma conquista e o sentido da participação em uma cultura. Nesse cenário, sou levado a concordar com Malaguzzi (1997, 1999b), quando, em suas documentações pedagógicas, revelava a imagem da criança capaz de criar mapas intencionais sobre seus percursos de aprendizagem, demonstrando que o desejo em descobrir o mundo estrutura esquemas de ações e auxilia a organizar as informações necessárias para a linguagem e o pensamento (BRUNER, 1983).

Ademais, a criança a que me refiro neste estudo é aquela capaz de se comunicar desde que chega à cena humana, relacionando-se com o mundo, interagindo por meio de suas experiências e, assim, descobrindo sobre si, os outros e o mundo. As ações dos bebês a que, neste livro, foi dada visibilidade engendram o sentido atribuído à ideia de ação, pois compreendo que trazem a novidade, que iniciam oportunidades de a criança se manifestar e se expressar.

Acredito que, ao reconhecer essa imagem de bebê, é possível ir descobrindo pistas sobre o trabalho docente para essa faixa etária. Nesse sentido, é fato que o papel do adulto se modifica, deixando de lado as certezas e apostando na oportunidade de observar como, o que, com quem, por quanto tempo e de que forma os bebês fazem para criar e recriar seu entorno. Isso, que parece ser um protocolo no trabalho docente, coloca o professor em um estado de alerta e atenção para a criança.

Refletindo nesse mesmo sentido, o esforço feito nesta pesquisa foi de visibilizar ações dos bebês, que, muitas vezes, são ocultadas ou desconsideradas, para significá-las, demonstrando o valor e o conteúdo dessas aprendizagens que emergem do cotidiano. Nos momentos de contrastes com a professora e, ao escrever as histórias narradas e mini-histórias, sentia os bebês convocando e problematizando o adulto a olhá-los não mais cheios de certezas, mas, ao contrário, assumindo que ainda sabemos muito pouco sobre as crianças, como aprendem e do que são capazes.

Dessa forma, parece que um dos princípios para o trabalho docente é o interesse por parte do adulto em observar os processos de exploração das crianças pequenas a partir delas mesmas, criando, para isso, o entorno positivo do qual fala Pikler (2010a), organizando e estruturando tudo o que é necessário para favorecer a exploração e a descoberta pela criança. Conforme lembra David e Appell (2010, p. 15), ao relatarem sobre o trabalho desenvolvido pela pediatra húngara, o professor deve ter como foco "[...] a criação e a manutenção das condições favoráveis ao desenvolvimento harmonioso das crianças que vivem em coletividade".

Nesse sentido, acredito que seja possível gerar a condução da prática pedagógica por meio de outras vias, ou seja, parece que o interesse do adulto não é tanto planejar atividades para as crianças realizarem, mas criar as condições adequadas, ou satisfatórias, para que elas atuem. Refiro-me, aqui, ao cotidiano como um grande aliado para a criança, em outras palavras, as situações do dia a dia podem promover o interesse e o desejo da criança em realizar seus projetos pessoais. A decisão de iniciar algo por parte da criança, muito provavelmente, pode ser provocada pelas situações do cotidiano.

Nesse sentido, conforme apresentei ao longo das histórias, parece-me que, em vez de planejar a atividade para ser "aplicada" com os bebês, seja mais interessante o planejamento de outros elementos, que, neste estudo, organizo da seguinte forma: o tempo, os espaços, os materiais, a organização do grupo e o tipo de intervenção. Todos foram tratados como resposta às problematizações geradas a partir do que foi significado nas ações dos bebês, durante as histórias que compartilhei:

- Da necessidade de pensar e respeitar o tempo da criança, observando seu ritmo e refletindo sobre a forma que se organiza o dia. É preciso mudar essa lógica do "tempo de espera" (SZANTO-FEDER; TARDOS, 2011) a que tantos bebês são submetidos, para ofertá-los a oportunidade de atuarem e decidirem sobre o que querem fazer. Ressalta-se, nesse aspecto, que "existe uma forte tendência em nossa sociedade ocidental atual em não deixar os bebês o tempo suficiente de ser bebê" (GOLSE, 2011, p. 15), é preciso garantir a eles o tempo de viver esse momento tão importante, intenso e passageiro. Dar tempo aos bebês é também permitir que vivam o "seu tempo de ser bebê".
- Do quão importantes e fecundos podem ser os espaços ocupados pelos bebês. Em especial, quando seguros e no tamanho adequado, podem ser proporcionados aos bebês a exploração e o surgimento de relações com os outros, consigo e com o mundo. Assim, é necessário que a organização dos espaços leve em conta a atuação dos bebês sobre eles. Esse também é um momento do qual submergem emoções, aprendizagens, descobertas, ou seja, é preciso pensar no espaço como um "entorno vital" (CABANELLAS; ESLAVA, 2005).
- Das distintas possibilidades que os materiais oportunizam às crianças, principalmente quando são diversificados, provocam explorações potentes para aprender, pois geram oportunidades surpreendentes. Assim, para além dos "brinquedos e materiais didáticos", a variedade de texturas, formas, cores, sons, cheiros e tamanhos pode provocar ricas experiências, além de ofertar a possibilidade de os bebês conhecerem outros materiais que não aqueles que geralmente têm contato, os industrializados.
- De como a organização do grupo interfere no trabalho pedagógico. A "regência do jogo social" de que fala Bondioli (2003) é um importante elemento a ser considerado, tendo em vista a oportunidade que o trabalho com grupos pequenos em determinados momentos do dia pode ofertar, tanto à criança, em ter maior liberdade e tranquilidade para suas atuações, como para o professor, que poderá observar as ações das crianças com maior atenção e menor intervenção direta.
- Do grau de intervenção do adulto – toda e qualquer intervenção deve ser no sentido de garantir o bem-estar da criança. O adulto jamais deve deixar a criança sozinha, deve estar sempre no seu campo de visão e audição (PIKLER, 2010a), "dá presença" ao bebê pela atenção dispensada a ele, pelo acompanhamento em seus percursos de aprendizagem e por criar o "entorno positivo" (PIKLER, 2010a), por meio da reflexão e estruturação dos elementos antes listados.

Assim, sou convicto de que é necessário ao professor ter o mais alto grau de consciência sobre sua prática pedagógica. Refletir sobre a forma que fará a intervenção – direta e/ou indiretamente durante o período que está junto às crianças nos contextos de vida coletiva – pode garantir experiências interessantes tanto às crianças quanto ao adulto. Pode também gerar um espaço de transformação e constante avaliação sobre o que é fazer escola e pedagogia para crianças pequenas. Nesse sentido, conforme Dahlberg, Moss e Pence (2003, p. 200):

> Quanto maior for a consciência das nossas práticas pedagógicas, maior a nossa possibilidade de mudar por meio da construção de um novo espaço, no qual um discurso ou contradiscurso alternativo pode ser estabelecido para produzir nova prática.

Assim, este trabalho é resultado de um processo partilhado de reconstrução da experiência que, dados os caminhos percorridos, novas atribuições de significados, de reflexão conjunta sobre práticas, pesquisa, escola, crianças e sobre o professor emergiram durante esses dois anos de elaboração da dissertação que originou este livro.

Os elementos da pesquisa revelam algumas ações que os bebês, mesmo tão pequenos, são capazes de fazer. Ações que, muitas vezes, atravessam o cotidiano de tantas crianças, mas que não compõem a pauta de interesse dos professores para serem observadas e visibilizadas como importantes aprendizagens. Por isso, ao revelar outra imagem de criança e do adulto, também é criada outra cultura pedagógica sobre o tema, bem como novas relações, novos vocábulos, novos desafios e novas formas de fazer e pensar o trabalho pedagógico com as crianças, rompendo, quem sabe, a distância que existe entre o que se fala sobre as crianças e o que se faz com elas.

Com isso, desejo ter contribuído para a construção do estatuto da pedagogia, sobretudo, que este seja constituído a partir da imagem da criança e do adulto que, ao longo do texto e agora na conclusão, foi discutido e refletido, à luz daqueles que tornaram possível dar significado a isso: Loris Malaguzzi, Emmi Pikler e Jerome Bruner. Esses autores de diferentes campos do conhecimento, junto a seus interlocutores, auxiliaram na difícil tarefa de pesquisar sobre os bebês em contextos de vida coletiva.

Por fim, o que me anima e, portanto, dá-me vida, é pensar que esse livro pode muito mais anunciar perspectivas a serem trazidas ao diálogo ou visibilizar aquilo que desprezávamos do cotidiano ou que não considerávamos importante, do que concluir e disseminar verdades. Talvez assim como eu, outros pesquisadores, pedagogos ou não, queiram entrar e continuar a conversa. Algumas dessas ideias desejo poder aprofundar em meus próximos estudos, outras, no curso da vida.

Referências

ALBANO, A. A. Prefácio. In: HOLM, A. M. *Baby-art*: os primeiros passos com a arte. São Paulo: MAM, 2007.

ALTIMIR, D. *¿Cómo escuchar a la infancia?* Barcelona: Octaedro, 2010.

ALTIMIR, D. Escuchar para documentar. In: RED TERRITORIAL DE EDUCACIÓN INFANTIL DE CATALUÑA. *Documentar la vida de niños y niñas en la escuela*. Barcelona: Ocatedro, 2011.

ARENDT, H. *A condição humana*. 10. ed. Rio de Janeiro: Forense Universitária, 2007.

BABIES. Direção: Thomas Balmes. [S.l.]: Focus Features, 2010. 1 DVD (70min), son., color.

BARBOSA, M. C. S. *As especificidades da ação Pedagógica com os bebês*. Brasília: MEC, 2010. Disponível em: <http://portal.mec.gov.br/index.php?option=com_docman&task=doc_download& gid=6670&Itemid>. Acesso em: 10 nov. 2014.

BARBOSA, M. C. S. *Por amor e por força*: rotinas na educação infantil. 2000. 283 f. Tese (Doutorado em Educação) – Universidade de Campinas, Campinas, 2000.

BARBOSA, M. C. S. *Por amor e por força*: rotinas na educação infantil. Porto Alegre: Artmed, 2006.

BARBOSA, M. C. S.; FOCHI, P. S. O desafio da pesquisa com bebês e crianças bem pequenas. In: SEMINÁRIO DE PESQUISA EM EDUCAÇÃO DA REGIÃO SUL, 9., 2012, Caxias do Sul. *Anais...* Caxias do Sul: AnpedSul, 2012. 1 CD-ROM.

BÁRCENA, F.; MÈLICH, J-C. *La educación como acontecimiento ético*: natalidade, narración y hospitalidad. Barcelona: Paidós, 2000.

BARROS, M. *Memórias inventadas*: a infância. São Paulo: Planeta, 2003.

BECKER, H. S. *Métodos de pesquisa em Ciências Sociais*. São Paulo: Hucitec, 1997.

BONÀS, M. El arte del pintor de paisajes: algunas reflexiones em torno a la documentación. In: RED TERRITORIAL DE EDUCACIÓN INFANTIL DE CATALUÑA. *Documentar la vida de niños y niñas en la escuela*. Barcelona: Ocatedro, 2011.

BONDIOLI, A. (Org.). *O tempo no cotidiano infantil*: perspectivas de pesquisa e estudo de casos. São Paulo: Cortez, 2004.

BONDIOLI, A. A regência do jogo social: as estratégias do envolvimento. In: BONDIOLI, A.; BECCHI, E. (Org.). *Avaliando a pré-escola*: uma trajetória de formação de professoras. Campinas: Autores Associados, 2003.

BONDIOLI, A.; MANTOVANI, S. *Manual de educação infantil de 0 a 3 anos*: uma abordagem reflexiva. Porto Alegre: Artmed, 1998.

BRASIL. Lei nº 9.394, de 20 de dezembro de 1996. Estabelece as diretrizes e bases da educação nacional. Brasília: Casa Civil, 1996. Disponível em: <http://www.planalto.gov.br/ccivil_03/leis/l9394.htm>. Acesso em: 28 nov. 2014.

BRASIL. Ministério da Educação. *A produção acadêmica sobre orientações curriculares e práticas pedagógicas na educação infantil brasileira*. Brasília: MEC, 2009b. 1 relatório de pesquisa. Disponível em: <http://portal.mec.gov.br/index.php?option=com_docman&task=doc_download&gid= 4162 &Itemid=> Acesso em: 10 nov. 2014.

BRASIL. Ministério da Educação. *Práticas cotidianas na educação infantil*: bases para reflexão sobre as orientações curriculares. Brasília: MEC, 2009a. Disponível em: <http://portal.mec.gov.br/dmdocuments/relat_seb_praticas_cotidianas.pdf>. Acesso em: 10 nov. 2014.

BROOK, P. *Le diable c'est l'ennui*. Paris: Actes Sud, 1991.

BRUNER, J. *El habla del niño*: aprendiendo a usar El lenguaje. Barcelona: Paidós, 1995.
BRUNER, J. *La educación, puerta de la cultura*. Madrid: Aprendizaje Visor, 1997.
BRUNER, J. *Savoir faire, savoir dire*. Paris: Universitaries de France, 1983.
BUITRAGO, A. (Ed.). *Arquitecturas de la mirada*. Madrid: Universidad de Alcalá, 2009.
BUSTELO, E. *El recreo de la infancia*. Buenos Aires: Sigloveintiuno, 2007.
CABANELLAS, I. et al. (Org.). *Ritmos infantiles*: tejidos de un paisaje interior. Barcelona: Octaedro, 2007.
CABANELLAS, I.; ESLAVA, C. (Org.). *Territorios de la infancia*: diálogos entre arquitectura y pedagogía. Barcelona: Graò, 2005.
CABANELLAS, I.; HOYUELOS, A. *Mensajes entre líneas*. Pamplona: Ayuntamento de Pamplona, 1994.
CABANELLAS, I.; HOYUELOS, A. *Momentos*: cantos entre balbuceos. Navarra: Universidad Pública de Navarra, 1998.
CALMELS, D. *Del sostén a la transgresión*. Buenos Aires: Biblios, 2012.
CALVINO, I. *Lezioni americane*. Milano: Mondadori, 1993.
CARTIER-BRESSON, H. *Ver es un todo*. Barcelona: Gustavo Gili, 2014.
CASAS, F. *Infancia*: perspectivas psicosociales. Barcelona: Paidós, 2002.
CASTELL, T. G. *Diálogo corporal y atención profesional*: visión pikleriana del bienestar en la primera infancia. Barcelona: Universidad de Barcelona, 2011. Disponível em: <http://adi.burriana.es/wp-content/uploads/2014/10/Dialogo_corporal.pdf>. Acesso em: 10 nov. 2014.
CHOKLER, M. H. *Los organizadores del desarrollo psicomotor*: del mecanismo a la psicomotricidad operativa. Buenos Aires: Cinco, 1994.
COHN, C. *Antropologia da criança*. 2. ed. Rio de Janeiro: Zahar, 2009.
CONTRERÁS, J.; LARA, N. P. (Org.). *Investigar la experiencia educativa*. Madrid: Morata, 2010.
CORTÁZAR, J. La prosa del observatório. Barcelona: Lumen, 1972. In: CALMELS, D. *Del sostén a la transgresión*. Buenos Aires: Biblios, 2012.
CUNHA, A. G. da. *Dicionário etimológico da Língua Portuguesa*. Rio de Janeiro: Lexikon, 2010a.
CUNHA, M. V. da. Uma filosofia da experiência. In: CUNHA, M. V. da. *História da pedagogia*: John Dewey. São Paulo: Segmento, 2010b.
CYRULNIC, B. In: CYRULNIC, B.; MORIN, E. *Diálogos sobre la naturaleza humana*. Barcelona: Paidós, 2005.
DAHLBERG, G.; MOSS, P. Introdução. In: RINALDI, C. *Diálogos com Reggio Emilia*: escutar, investigar aprender. São Paulo: Paz e Terra, 2012.
DAHLBERG, G.; MOSS, P.; PENCE, A. *Qualidade na educação da primeira infância*: perspectivas pósmodernas. Porto Alegre: Artmed, 2003.
DAVID, M.; APPELL, G. *Lóczy, una insólita atención personal*. Barcelona: Octaedro, 2010.
DAVOLI, M. Documentar procesos, recoger señales. In: RED TERRITORIAL DE EDUCACIÓN INFANTIL DE CATALUÑA. *Documentar la vida de niños y niñas en la escuela*. Barcelona: Ocatedro, 2011.
DEWEY, J. *A escola e a sociedade e a criança e o currículo*. Lisboa: Relógio D'água, 2002.
DEWEY, J. *Arte como experiência*. São Paulo: Martins Fontes, 2010a.
DEWEY, J. *Democracia e educação*: capítulos essenciais. São Paulo: Ática, 2007.
DEWEY, J. *Experiência e Educação*. Petrópolis: Vozes, 2010b.
DOLCI, M. Afinando la vista para captar los momentos. In: RED TERRITORIAL DE EDUCACIÓN INFANTIL DE CATALUÑA. *Documentar la vida de niños y niñas en la escuela*. Barcelona: Ocatedro, 2011.
EDWARDS, C.; GANDINI, L. A pesquisa como parceira para a aprendizagem em conjunto: estudando o crescimento dos relacionamentos no interior da creche. In: EDWARDS, C; GANDINI, L. (Org.). *Bambini*: a abordagem italiana à educação infantil. Porto Alegre: Artmed, 2002.
EDWARDS, C.; GANDINI, L.; FORMAN, G. *As cem linguagens da criança*: a abordagem de Reggio Emilia na educação da primeira infância. Porto Alegre: Artmed, 1999.
FALK, J. (Org.). *Educar os três primeiros anos*: a experiência de Lóczy. Araraquara: Junqueira & Marin, 2011.
FALK, J. (Org.). *Lóczy, educación infantil*. Barcelona: Octaedro, 2008.
FALK, J. *Esperando al bebé*. Barcelona: Octaedro, 2002.
FALK, J.; MAJOROS, M. *Las primeras semanas de su bebé*. Barcelona: Octaedro, 2002.
FALK, J.; TARDOS, A. *Movimientos libres*: actividades autónomas. Barcelona: Octaedro, 2002.
FARIA, A. L. G. Loris Malaguzzi e os direitos das crianças pequenas. In: OLIVEIRA-FORMOSINHO, J.; KISHIMOTO, T. M.; PINAZZA, M. A. *Pedagogia(s) da infância*: dialogando com o passado: construindo o futuro. Porto Alegre: Artmed, 2007.
FOCHI, P. S. [*Caderno de viagem*: missão científica na rede de escolas da infância de Pamplona]. [S. l], 2012a. Caderno utilizado em Missão Científica na cidade de Pamplona - Espanha.
FOCHI, P. S. [*Fatos & Reflexões*: pesquisador]. [S. l], 2012b. Caderno utilizado na pesquisa de campo do autor.
FOCHI, P. S. *Inventariar ações*: as experiências dos bebês em espaços coletivos. 2011. 69 f. Projeto de Dissertação (Mestrado em Educação) – Universidade Federal do Rio Grande do Sul, Porto Alegre, 2011.
FONSECA, C. Quando cada caso NÃO é um caso: pesquisa etnográfica e educação. In: REUNIÃO ANUAL DA ASSOCIAÇÃO NACIONAL DE PÓS-GRADUAÇÃO E PESQUISA EM EDUCAÇÃO, 21., 1998, Caxambu. *Anais...* Caxambu: ANPED, 1998.

FORTUNATI, A. *A educação infantil como projeto da comunidade*: crianças, educadores e pais nos novos serviços para a infância e a família: a experiência de San Miniato. Porto Alegre: Artmed, 2009.
FREINET, C. *As técnicas Freinet da Escola Moderna*. Lisboa: Estampa, 1975.
FREINET, C. *O método natural*. Lisboa: Estampa, 1977.
FREINET, C. *Pedagogia do bom senso*. São Paulo: Martins Fontes, 1985.
FREIRE, M. et al. *Observação, registro e reflexão*: instrumentos metodológicos I. São Paulo: Espaço Pedagógico, 1996.
FREIRE, M. *A paixão de conhecer o mundo*. Rio de Janeiro: Paz e Terra, 1983.
GALHÓS, C. Unidades de sensación. In: BUITRAGO, A. (Ed.). *Arquitecturas de la miranda*. Madrid: Universidad de Alcalá, 2009.
GANDINI, L.; GOLDHABER, J. Duas reflexões sobre a documentação. In: EDWARDS, C.; GANDINI, L. (Org.). *Bambini*: a abordagem italiana à educação infantil. Porto Alegre: Artmed, 2002.
GANDINI, L.; MANTOVANI, S.; EDWARDS, C. P. *Il nido per una cultura dell'infanzia*. Azzano San Paolo: Junior, 2003.
GOLDSCHMIED, E.; JACKSON, S. *Educação de 0 a 3 anos*: o atendimento em creche. Porto Alegre: Artmed, 2007.
GOLSE, B. Prólogo. In: SZANTO-FEDER, A. *Una mirada adulta sobre el niño en acción*: el sentido del movimiento en la protoinfancia. Buenos Aires: Cinco, 2011.
GOTTLIEB, A. Para onde foram os bebês? Em busca de uma antropologia de bebês (e de seus cuidadores). *Psicologia USP*, v. 20, n. 3, p. 313-336, 2009.
HOHMANN, M.; BANET, B.; WEIKART, D. P. *A criança em acção*. Lisboa: Fundação Calouste Gulbenkiam, 1979.
HOLM, A. M. *Baby-art*: os primeiros passos com a arte. São Paulo: MAM, 2007.
HOYUELOS, A. *A abordagem da documentação pedagógica na obra de Loris Malaguzzi* [maio 2012]. Entrevistador: Paulo Sergio Fochi. Pamplona: [s.n.], 2012.
HOYUELOS, A. *La complejidad en el pensamiento y obra pedagógica de Loris Malaguzzi*. Mexico: Multimedios, 2003.
HOYUELOS, A. *La estética en el pensamiento y obra pedagógica de Loris Malaguzzi*. Barcelona: Octaedro, 2006.
HOYUELOS, A. *La ética en el pensamiento y obra pedagógica de Loris Malaguzzi*. Barcelona: Octaedro, 2004a.
HOYUELOS, A. *Loris Malaguzzi*: biografia pedagógica. Azzano São Paolo: Junior, 2004b.
HOYUELOS, A. Prólogo. In: CABANELLAS, I. et al. *Ritmos infantiles*: tejidos de un paisaje interior. Barcelona: Octaedro, 2007.
INFANCIA EN EUROPA. Jugar en el exterior: ¿por qué es importante? Barcelona: Rosa Sensat, n. 119, 2013. Disponível em: <http://baseddp.mec.gub.uy/index.php? lvl=bulletin_display&id=61>. Acesso em: 19 nov. 2014.
INFANCIA: educar de 0 a 6 años. Barcelona: RosaSensat, n. 118, 2009. Disponível em: <http://dialnet.unirioja.es/servlet/ejemplar?codigo=231532>. Acesso em: 19 nov. 2014.
INFANCIA: educar de 0 a 6 años. Barcelona: RosaSensat, n. 126, 2011. Disponível em: <http://dialnet.unirioja.es/servlet/ejemplar?codigo=262638>. Acesso em: 19 nov. 2014.
INFANCIA: educar de 0 a 6 años. Barcelona: RosaSensat, n. 133, 2012. Disponível em: <http://dialnet.unirioja.es/servlet/ejemplar?codigo=303283>. Acesso em: 19 nov. 2014.
INFANCIA: educar de 0 a 6 años. Barcelona: RosaSensat, n. 134, 2012. Disponível em: <http://dialnet.unirioja.es/servlet/ejemplar?codigo=308300>. Acesso em: 19 nov. 2014.
KINNEY, L.; WHARTON, P. *Tornando visível a aprendizagem das crianças*: educação infantil em Reggio Emilia. Porto Alegre: Artmed, 2009.
KISHIMOTO, T. M. (Org.). *O brincar e suas teorias*. São Paulo: Pioneira Thomson Learning, 2002.
KISHIMOTO, T. M. Brincadeiras e narrativas infantis: contribuições de J. Bruner para a pedagogia da infância. In: OLIVEIRA-FORMOSINHO, J.; KISHIMOTO, T. M.; PINAZZA, M. A. *Pedagogia(s) da infância*: dialogando com o passado: construindo o futuro. Porto Alegre: Artmed, 2007.
KUSCH, R. *Geocultura del hombre americano*. Buenos Aires: Fernando García Cambeiro, 1976.
KUSCH, R. *Esbozo de una antropologia filosófica americana*. Buenos Aires: Casteñada, 1978.
KUHLMANN JR., M. *Infância e educação infantil*: uma abordagem histórica. Porto Alegre: Mediação, 1998.
LAHIRE, B. *O homem plural*: as molas da acção. Lisboa: Instituto Piaget, 2001.
LAÍN ENTRALGO, P. *La espera y la esperanza*. Madrid: Revista de Occidente, 1962.
LALLY, R. J. Prefazione. In: GANDINI, L.; MANTOVANI, S.; EDWARDS, C. P. *Il nido per una cultura dell'infanzia*. Azzano San Paolo: Junior, 2003.
MAJEM, T.; ÒDENA, P. *Descobrir brincando*. Campinas: Autores Associados, 2010.
MALAGUZZI, L. El zapato y el metro. In: REGGIO CHILDREN. *Zapato y metro*: los niños y la medida. Reggio Emilia: Reggio Children, 1997.
MALAGUZZI, L. Histórias ideias e filosofia básica. In: EDWARDS, C.; GANDINI, L.; FORMAN, G. *As cem linguagens da criança*. Porto Alegre: Artmed,1999a.

MALAGUZZI, L. *L'occhio se salta il muro*. Barcelona: Global Media,1985. Vídeo (14 min 22 seg), son., color.
MALAGUZZI, L. L'ombra e il pallottoliere dei bambini. In: REGGIO CHILDREN. *Tutto há un'ombra, meno le formiche*. Reggio Emilia: Reggio Children, 1999b.
MALAGUZZI, L. *La educación infantil en Reggio Emilia*. Barcelona: Octaedro, 2001.
MALAGUZZI, L. La storia, le idee, la cultura. In: EDWARDS, C.; GANDINI, L.; FORMAN, G. *I cento linguaggi dei bambini*. Bergamo: Junior, 1995a.
MALAGUZZI, L.; FORGHIERI, E. La escuela maternal va por buen camino. In: ITALY. Ministerio de Educacion y Ciencia. *La inteligencia se construye usándola*. Madrid: Morata, 1995b.
MALVASI, L.; ZOCCATELLI, B. *Documentare le progettualità nei servizi educativi*. Azzano São Paolo: Junior, 2012.
MATURANA, H.; VARELA, F. G. *A árvore do conhecimento*: as bases biológicas da compreensão humana. São Paulo: Palas Athena, 2001.
MÈLICH, J-C. *Antropología simbólica y acción educativa*. Barcelona: Paidós, 1996.
MELLO, A. M. et al. *O dia a dia das creches e pré-escolas*: crônicas brasileiras. Porto Alegre: Artmed, 2010.
MILOT, J-G. Le développement de l'enfantSavoir faire savoir dire. *Québec français*, n. 52, p. 68-71, 1983.
MORIN, E. A necessidade de um pensamento complexo. In: MENDES, C.; LARRETA, E. (Org.). *Representação e complexidade*. Rio de Janeiro: Garamond, 2003.
MORIN, E. *Il método*: ordine, disordine, organizzazione. Milano: Feltrinelli, 1987.
MORIN, E. *Introducción al pensamiento complejo*. Barcelona: Gedisa, 1994.
MORIN, E. *Mi camino*. Barcelona: Gedisa, 2010.
MORIN, E.; CIURANA, Emilio-Roger; MOTTA, R. D. *Educar na era planetária:* o pensamento complexo como Método de aprendizagem no erro e na incerteza humana. São Paulo: Cortez, 2003.
MUSATTI, T; MAYER, S. Conhecendo e aprendendo em um contexto educacional: um estudo realizado nas creches de Pistóia. In: EDWARDS, C.; GANDINI, L. (Org.). *Bambini*: a abordagem italiana à educação infantil. Porto Alegre: Artmed, 2002.
ÒDENA, P. *Infancia y escuela de 0 a 3 años*. Barcelona: Rosa Sensat, 1995.
OLIVEIRA-FORMOSINHO, J. Pedagogia(s) da infância: reconstruindo uma práxis de participação. In: OLIVEIRA-FORMOSINHO, J.; KISHIMOTO, T. M.; PINAZZA, M. A. *Pedagogia(s) da infância*: dialogando com o passado: construindo o futuro. Porto Alegre: Artmed, 2007.
OSTETTO, L. E. (Org.). *Educação infantil*: saberes e fazeres da formação de professores. Campinas: Papirus, 2008.
OSTETTO, L. E. (Org.). *Encontros e encantamentos na educação infantil*. Campinas: Papirus, 2000.
OSTETTO, L. E.; OLIVEIRA, E. R. de; MESSINA, V. da S. *Deixando marcas*: a prática do registro do cotidiano da educação infantil. Florianópolis: Cidade Futura, 2001.
PANIAGUA, G.; PALACIOS, J. *Educação infantil*: resposta educativa à diversidade. Porto Alegre: Artmed, 2007.
PARKES-REES, R. Comunicação primária: o que os adultos podem aprender com os bebês? In: MOYLOES, J. *Fundamentos da educação infantil*: enfrentando o desafio. Porto Alegre: Artmed, 2010.
PEDROSA, M. I. A surpreendente descoberta: quem é e o que pode aprender uma criança de até três anos. In: BRASIL. Ministério da Educação. *Educação de crianças em creches*. Brasília: MEC, 2009. Disponível em: <http://tvbrasil.org.br/fotos/salto/series/18165615-Edu criancascreches.pdf>. Acesso em: 10 nov. 2014.
PIAGET, J. *A construção do real na criança*. Rio de Janeiro: Zahar, 1970.
PIAGET, J. *A formação do símbolo na criança*: Imitação, jogo e sonho, imagem e representação. Rio de Janeiro: Zahar, 1975.
PIAGET, J. *Seis estudos de Psicologia*. Rio de Janeiro: Forense, 1967.
PICETTI, N. C. F. [Fatos & Reflexões: professora]. [S. l], 2012b. Caderno utilizado pela professora durante a pesquisa de campo do autor.
PIKLER, E. *Moverse en libertad:* desarrollo de la motricidad global. Madrid: Narcea, 2010a.
PIKLER, E. Prólogo. In: APPELL, G.; DAVID, M. *Lóczy, una insólita atención personal*. Barcelona: Octaedro, 2010b.
POST, J.; HOHMANN, M. *Educação de bebês em infantários*: cuidados e primeiras aprendizagens. Lisboa: Fundação Calouste Gulbenkiam, 2003.
RABITTI, G. *À procura da dimensão perdida*: uma escola de infância de Reggio Emilia. Porto Alegre: Artmed, 1999.
RED TERRITORIAL DE EDUCACIÓN INFANTIL DE CATALUÑA. *Documentar la vida de niños y niñas en la escuela*. Barcelona: Ocatedro, 2011.
REGGIO CHILDREN. *Zapato y metro*: los niños y la medida. Reggio Emilia: Reggio Children, 1997.
RINALDI, C. *Diálogos com Reggio Emilia*: escutar, investigar aprender. São Paulo: Paz e Terra, 2012.
RINALDI, C. Prólogo. In: HOYUELOS, A. *La ética en el pensamiento y obra pedagógica de Loris Malaguzzi*. Barcelona: Octaedro, 2004.
RINALDI, C. Reggio Emilia: a imagem da criança e o ambiente em que ela vive como princípio fundamental. In: EDWARDS, C.; GANDINI, L. (Org.). *Bambini*: a abordagem italiana à educação infantil. Porto Alegre: Artmed, 2002.

ROCHA, E. A. C. A pedagogia e a educação infantil. *Revista Brasileira de Educação*, n. 16, p. 27-34, 2001.
ROCHA, E. A. C. *A pesquisa em educação infantil no Brasil*: trajetória recente e perspectiva de consolidação de uma pedagogia. 1999. 291 f. Tese (Doutorado em Educação) – Universidade de Campinas, Campinas, 1999.
ROSSETTI-FERREIRA, M. C. et al. *Os fazeres na educação infantil*. São Paulo: Cortez, 1998.
SACRISTÁN, J. G. *Explicación, norma y utopia en las ciências de la educación.* Salamanca: Universidad de Salamanca, 1978.
SACRISTÁN, J. G. *O aluno como invenção*. Porto Alegre: Artmed, 2005.
SARMENTO, M. J.; GOUVEA, M. C. S. (Org.). *Estudos da infância*: educação e práticas sociais. Petrópolis: Vozes, 2008.
SCHMITT, R. V. *"Mas eu não falo a língua deles!"*: as relações sociais de bebês num contexto de educação infantil. 2008. 217 f. Dissertação (Mestrado em Educação) – Universidade Federal de Santa Catarina, Florianópolis, 2008.
SCLAVI, M. *Arte di ascoltare e mondi possibile*. Milano: Mondadori Bruno, 2006.
SHONKOFF, J. P.; PHILLIPS, D. A. (Org.). *From neurons to neighborhoods* : the science of early child development. Washington: National Academy Press, 2001.
SOARES, M. B. Didática, uma disciplina em busca de sua identidade. *Ande*, v. 5, n. 9, p. 39-42, 1985.
STANISLAVSKI, C. *A preparação do ator.* Rio de Janeiro: Civilização Brasileira, 1982.
STURLONI, S.; VECCHI, V. (Ed.). *Tutto há un'ombra, meno le formiche*. Reggio Emilia: Reggio Children, 1999.
SZANTO-FEDER, A. *Una mirada adulta sobre el niño en acción*: el sentido del movimiento en la protoinfancia. Buenos Aires: Cinco, 2011.
SZANTO-FEDER, A.; TARDOS, A. O que é a autonomia na primeira infância? In: FALK, J. (Org.). *Educar os três primeiros anos*: a experiência de Lóczy. Araraquara: Junqueira & Marin, 2011.
TARDOS, A. Autonomía y/o dependencia. In: FALK, J. (Org.). *Lóczy, educación infantil.* Barcelona: Oc-taedro, 2008a.
TARDOS, A. Las atividades dirigidas. In: FALK, J. (Org.). *Lóczy, educación infantil.* Barcelona: Octaedro, 2008b.
TOMASELLI, A.; ZOCCHI, A. Perché documentare. In: COMUNE DI FIRENZE. *Linea guida*: per i servisi educativi alla prima infanzia. Azzano São Paolo: Junior, 2009.
TONUCCI, F. *Los materiales*. Buenos Aires: Losada, 2008.
TORRALBA, F. *El silencio:* un reto educativo. Madrid: PPC, 2001.
VECCHI, V. *Arte y creatividad em Reggio Emilia*. Madrid: Morata, 2013.
VECCHI, V. Prólogo. In: HOYUELOS, A. *La estética en el pensamiento y obra pedagógica de loris Malaguzzi.* Barcelona: Octaedro, 2006.
VINCZE, M. Atividades em comum em um grupo de crianças de até 2 anos e meio. In: FALK, J. (Org.). *Educar os três primeiros anos*: a experiência de Lóczy. Araraquara: Junqueira & Marin, 2011.
WARSCHAUER, C. *A roda e o registro:* uma parceria entre o professor, alunos e conhecimento. Rio de Janeiro: Paz e terra, 1993.
ZAMBRANO, M. *Notas de un método*. Madrid: Mondadori, 1989.

Leituras recomendadas

BENZONI, I.; PARODI, M. *Documentare?* Sì, grazie. Azzano São Paolo: Junior, 2001.
BONDIOLI, A.; BECCHI, E. (Org). *Avaliando a pré-escola*: uma trajetória de formação de professoras. Campinas: Autores Associados, 2003.
BRASIL. *Constituição da República Federativa do Brasil de 1988*. Brasília: Casa Civil, 1988. Disponível em: <http://www.planalto.gov.br/ccivil_03/constituicao/ConstituicaoCompilado.htm>. Acesso em: 10 nov. 2014.
BRASIL. Ministério da Educação. *Diretrizes curriculares nacionais para educação infantil.* Brasília: MEC, 2010. Disponível em: <http://portal.mec.gov.br/index.php?option=com_docman&task=doc_download&gid=9769&Itemid>. Acesso em: 10 nov. 2014.
COMUNE DI FIRENZE. *Linea guida*: per i servisi educativi alla prima infanzia. Azzano São Paolo: Junior, 2009.
EDWARDS, C.; GANDINI, L.; FORMAN, G. I cento linguaggi dei bambini. Bergamo: Edizioni Junior, 1995.
FOCHI, P. S. *Diálogos com o teatro e os bebês:* narrativas artísticas e pedagógicas num percurso italiano. 2010. 53 f. Monografia de especialização (Especialização em Educação Infantil) – Universidade do Vale dos Sinos, São Leopoldo, 2010.
FOCHI, P. S. *"Mas os bebês fazem o quê no berçário, heim?":* documentando ações de comunicação, autonomia e saber-fazer de crianças de 6 a 14 meses em um contexto de vida coletiva. Dissertação (Mestrado em Educação) – Universidade Federal do Rio Grande do Sul, Porto Alegre, 2013.
FORTUNATI, A. (Org.). *Strumenti per documentare, condividere e reflettere sulle esperienze*. San Miniato: La bottega de Geppetto, 2003.

GAGNEBIN, J. M. *Lembrar escrever esquecer*. São Paulo: 34, 2006.
ITALY. Ministerio de Educacion y Ciencia. *La inteligencia se construye usándola*. Madrid: Morata, 1995.
KISHIMOTO, T. M. (Org.). *Jogo, brinquedo, brincadeira e a educação*. São Paulo: Cortez, 2000.
KISHIMOTO, T. M. Bruner e a brincadeira. In: KISHIMOTO, T. M. (Org.). *O brincar e suas teorias*. São Paulo: Pioneira Thomson Learning, 2002.
KISHIMOTO, T. M. *O jogo e a educação infantil*. São Paulo: Pioneira Thomson Learning, 2002.
OLIVEIRA-FORMOSINHO, J.; KISHIMOTO, T. M.; PINAZZA, M. A. *Pedagogia(s) da infância*: dialogando com o passado: construindo o futuro. Porto Alegre: Artmed, 2007.
RECHILD. Reggio Children Newsletter. Reggio Emilia: Reggio Children, n. 0, 1996. Disponível em: <http://www.reggiochildren.it/wp-content/uploads/2012/08/rechild00.pdf>. Acesso em: 19 nov. 2014.
RECHILD. Reggio Children Newsletter. Reggio Emilia: Reggio Children, n. 1, 1997. Disponível em: <http://www.reggiochildren.it/wp-content/uploads/2012/08/rechild01.pdf>. Acesso em: 19 nov. 2014.
RECHILD. Reggio Children Newsletter. Reggio Emilia: Reggio Children, n. 2, 1998. Disponível em: <http://www.reggiochildren.it/wp-content/uploads/2012/08/rechild02.pdf>. Acesso em: 19 nov. 2014.
RECHILD. Reggio Children Newsletter. Reggio Emilia: Reggio Children, n. 3, 1999. Disponível em: <http://www.reggiochildren.it/wp-content/uploads/2012/08/rechild03.pdf>. Acesso em: 19 nov. 2014.
RECHILD. Reggio Children Newsletter. Reggio Emilia: Reggio Children, n. 4, 2000. Disponível em: <http://www.reggiochildren.it/wp-content/uploads/2012/08/rechild04.pdf>. Acesso em: 19 nov. 2014.
RECHILD. Reggio Children Newsletter. Reggio Emilia: Reggio Children, n.5, 2001. Disponível em: <http://www.reggiochildren.it/wp-content/uploads/2012/08/rechildnews01.pdf>. Acesso em: 19 nov. 2014.
RECHILD. Reggio Children Newsletter. Reggio Emilia: Reggio Children, n. 6, 2004. Disponível em: <http://www.reggiochildren.it/wp-content/uploads/2012/08/rechildnews01.pdf>. Acesso em: 19 nov. 2014.
RECHILD. Reggio Children Newsletter. Reggio Emilia: Reggio Children, n.7, 2005. Disponível em: <http://www.reggiochildren.it/wp-content/uploads/2012/08/rechild07.pdf>. Acesso em: 19 nov. 2014.
RECHILD. Reggio Children Newsletter. Reggio Emilia: Reggio Children, n. 8, 2007. Disponível em: <http://www.reggiochildren.it/wp-content/uploads/2012/09/rechildnews10.pdf>. Acesso em: 19 nov. 2014.
RECHILD. Reggio Children Newsletter. Reggio Emilia: Reggio Children, n. 9, 2009. Disponível em: <http://www.reggiochildren.it/wp-content/uploads/2012/08/rechild09.pdf>. Acesso em: 19 nov. 2014.
RECHILD. Reggio Children Newsletter. Reggio Emilia: Reggio Children, n. 10, 2010. Disponível em: <http://www.reggiochildren.it/wp-content/uploads/2012/08/rechild10.pdf>. Acesso em: 19 nov. 2014.
RICHTER, S. R. S.; BARBOSA, M. C. S. Os bebês interrogam o currículo: as múltiplas linguagens na creche. *Revista Educação*, Santa Maria, v. 35, n. 1, p. 85-96, 2010.
ROCHA, E. A. C. Por que ouvir as crianças? Algumas questões para um debate científico multidisciplinar. In: CRUZ, S. H. V. (Org.). *A criança fala*: a escuta de crianças em pesquisas. São Paulo: Cortez, 2008.
SAN MARINO. *La programmazione educativa e didattica nella scuola dell'infanzia*. Azzano São Paolo: Junior, 1999.
STAMBAK, M. et al. *Os bebês entre eles*: descobrir, brincar, inventar juntos. Campinas: Autores Associados, 2011.
ZABALZA, M. A. *Qualidade em educação infantil*. Porto Alegre: Artmed, 1998.

IMPRESSÃO:

PALLOTTI
GRÁFICA

Santa Maria - RS | Fone: (55) 3220.4500
www.graficapallotti.com.br